职业教育文化基础课通用教材

# 基础语文习题集(上)
## (第 2 版)

主　编　宋　应　贺晓瑾
副主编　安艺文　邹陕红　周宇璐

北京航空航天大学出版社

## 内 容 简 介

《基础语文习题集(上)(第2版)》是根据五年制高职学生的学习特点和各专业学习需要编写而成的,可作为五年制高职院校公共基础课教材《基础语文(上)(第2版)》的配套练习册。本书的编写贯彻素质教育精神,以模块为编写单位,主要有阅读与鉴赏、应用文写作、语言表达与运用三大模块。

本书作为《基础语文(上)(第2版)》的配套习题集,可作为五年制高职院校相关专业的配套教学用书,也可作为相关人员的自学辅导书。

### 图书在版编目(CIP)数据

基础语文习题集. 上 / 宋应,贺晓瑾主编. -- 2 版. -- 北京:北京航空航天大学出版社,2022.4
ISBN 978-7-5124-3701-2

Ⅰ.①基… Ⅱ.①宋…②贺… Ⅲ.①大学语文课—高等职业教育—习题集 Ⅳ.①H19-44

中国版本图书馆 CIP 数据核字(2022)第 007719 号

版权所有,侵权必究。

---

**基础语文习题集(上)(第2版)**

主　编　宋　应　贺晓瑾
副主编　安艺文　邹陕红　周宇璐
策划编辑　周世婷　　责任编辑　冯　颖

\*

北京航空航天大学出版社出版发行

北京市海淀区学院路 37 号(邮编 100191)　http://www.buaapress.com.cn
发行部电话:(010)82317024　传真:(010)82328026
读者信箱:goodtextbook@126.com　邮购电话:(010)82316936
北京时代华都印刷有限公司印装　各地书店经销

\*

开本:787×1 092　1/16　印张:11.75　字数:301 千字
2022 年 7 月第 2 版　2022 年 7 月第 1 次印刷　印数:2 000 册
ISBN 978-7-5124-3701-2　定价:36.00 元

---

若本书有倒页、脱页、缺页等印装质量问题,请与本社发行部联系调换。联系电话:(010)82317024

# 前　言

为了更好地使用五年制高职教材《基础语文(上)(第2版)》,使它的创新教学理念得到贯彻,知识和能力目标得到具体实现,特组织富有教学经验的优秀教师共同研讨,编写了教材的配套练习资料《基础语文习题集(上)(第2版)》。

本书根据教材体例,以模块为编写单位,主要有阅读与鉴赏、应用文写作、语言表达与运用三大模块,旨在帮助学生全面掌握教材知识点,训练学生听、说、读、写各方面的能力。

编写教师都有多年语文一线教学经验,在编写过程中不断讨论并修改编写方案,最终成稿。本书由宋应、贺晓瑾任主编,安艺文、邹陕红、周宇璐任副主编,编写组成员联合拟定提纲和编写思路后,统一分工完成初稿。模块一(阅读与鉴赏)由贺晓瑾、安艺文编写,模块二(应用文写作)由邹陕红、周宇璐编写,模块三(语言表达与运用)由宋应编写,全书由宋应统稿。

四川航天职业技术学院为本书的编写提供了相当大的支持,基础教学部主任王立波、副主任赖秦超自始至终对本书的编写予以关怀和支持,在此致以由衷的谢意。

最后,因编者水平有限,本书存在不周之处,恳请专家和读者不吝指正。

编　者

2021年10月

# 目 录

## 阅读与鉴赏

### 第一单元 现代文鉴赏 ············································· 2
  故都的秋 ···················································· 2
  荷塘月色 ···················································· 9
  记念刘和珍君 ················································ 15
  胡同文化 ···················································· 21
  南州六月荔枝丹 ·············································· 26
  获得教养的途径 ·············································· 32
  像山那样思考 ················································ 36
  沙漠里的奇怪现象 ············································ 41
  读《伊索寓言》 ·············································· 46
  宇宙的边疆 ·················································· 49
  谈生命 ······················································ 53
  我的空中楼阁 ················································ 57
  米洛斯的维纳斯 ·············································· 61
  咬文嚼字 ···················································· 66
  我的母亲 ···················································· 71
  白发苏州 ···················································· 75
  囚绿记 ······················································ 80
  我有一个梦想 ················································ 87
  就任北京大学校长之演说 ······································ 91

### 第二单元 文言文鉴赏 ············································ 96
  寡人之于国也 ················································ 96
  劝 学 ······················································ 101
  鸿门宴 ······················································ 105
  兰亭集序 ···················································· 109
  逍遥游(节选) ················································ 114
  与妻书 ······················································ 116

### 第三单元 诗歌鉴赏 ·············································· 118
  《诗经》两首 ················································ 118
  离 骚 ······················································ 122
  孔雀东南飞 ·················································· 126
  诗三首 ······················································ 133

再别康桥 ………………………………………………………… 137
雨　巷 …………………………………………………………… 139
致大海 …………………………………………………………… 141
我愿意是急流 …………………………………………………… 143
琵琶行 并序 ……………………………………………………… 145

## 应 用 文 写 作

第一单元　基础文书写作 ……………………………………… 150
　启　事 …………………………………………………………… 150
　请假条 …………………………………………………………… 152
　欠条、借条、收条 ……………………………………………… 153
　检讨书 …………………………………………………………… 156
第二单元　行政公文写作 ……………………………………… 157
　通知与通报 ……………………………………………………… 157
　报告与请示 ……………………………………………………… 160

## 语 言 表 达 与 运 用

第一单元　基础口语训练 ……………………………………… 164
第二单元　复述训练 …………………………………………… 170
第三单元　朗读训练 …………………………………………… 173

# 阅读与鉴赏

# 第一单元 现代文鉴赏

## 故都的秋

### 一、基础训练

1. 下列词语中加点字的读音,正确的一项是(　　)。
   A. 混为一谈(hùn)　混沌状态(hùn)　拓本(zhè)
   B. 著着布衣(zhù)　描写细腻(nì)　萧索(xiāo)
   C. 点缀生活(zhuì)　折耗很大(shé)　落蕊(lěi)
   D. 精神颓废(tuí)　啼笑皆非(tí)　恬适(tián)

2. 下列句子中,没有错别字的一项是(　　)
   A. 最好,还要在牵牛花底,教长着几根疏疏落落的尖细且长的秋草,使作赔衬。
   B. 江南,秋当然也是有的;但草木雕得慢,空气来得润,天的颜色显得淡,并且又时常多雨而少风。
   C. 扫街的在树影下一阵扫后,灰土上留下来的一条条扫帚的丝纹,看起来既觉得细腻,又觉得清闲,浅意识下并且还觉得有点儿落寞。
   D. 有些批评家说,中国的文人学士,尤其是诗人,都带着很浓厚的颓废色彩,所以中国的诗文里,颂赞秋的文字特别的多。

3. 对下列句子的修辞手法判断正确的一项是(　　)
   A. 南国之秋,当然是也有它的特异的地方,譬如廿四桥的明月,钱塘江的秋潮,普陀山的凉雾,荔枝湾的残荷等等,可是色彩不浓,回味不永。(排比　对偶　比喻)
   B. (南国之秋)比起北国的秋来,正像是黄酒之与白干,稀饭之与馍馍,鲈鱼之与大蟹,黄犬之与骆驼。(排比　对比　比喻)
   C. 秋天,无论在什么地方的秋天,总是好的;可是啊,北国的秋,却特别地来得清,来得静,来得悲凉。(排比　对比　比喻)
   D. 秋并不是名花,也并不是美酒,那一种半开、半醉的状态,在领略秋的过程上,是不合适的。(比喻　对比　拟人)

4. 下列句子中加点的成语,使用有误的一项是(　　)
   A. 我的不远千里,要从杭州赶上青岛,更要从青岛赶上北平来的理由,也不过想饱尝一尝这"秋",这故都的秋味。
   B. 在华语乐坛上占有特殊一席的女歌手齐豫即将在北京举办演唱会,然而在发布会上,齐豫却不能自已地泣不成声,因为她宣称这将是自己最后一次举办演唱会。
   C. 显然,打造"信用政府"和发展"民营经济"这两个热点,在民众的关怀下不期而遇。
   D. 一个明智的人应当具有一叶知秋、举一反三的能力。

5. 下列各句中,没有语病的一句是(　　)
   A. 对于传说中这类拥有异常可怕力量的动物,尚武的古代欧洲人的真实心态恐怕还是敬畏多于憎恶的。
B. 杜绝过度治疗,除了加强宣传教育外,还要靠制度保障医疗机构正常运转,调控盲目扩张的逐利行为。
C. 作者观察细致,一泓清潭、汩汩流水、朗朗歌声,都能激发他的灵感,都能从中找到抒情叙事的切入点。
D. 过于重视教育功能,文学作文会出现理性捆绑感性,思想大于形象,甚至全无艺术性,变成干巴巴的说教。

## 二、课文练习

**(一)阅读下面的段落,回答1～9题。**

不逢北国之秋,已将近十年了。在南方每年到了秋天,总要想起陶然亭的芦花,钓鱼台的柳影,西山的虫唱,玉泉的夜月,潭柘寺的钟声。在北平即使不出门去吧,就是在皇城人海之中,租人家一椽破屋来住着,早晨起来,泡一碗浓茶,向院子一坐,你也能看得到很高很高的碧绿的天色,听得到青天下驯鸽的飞声。从槐树叶底,朝东细数着一丝一丝漏下来的日光,或在破壁腰中,静对着像喇叭似的牵牛花(朝荣)的蓝朵,自然而然地也能感觉到十分的秋意。说到了牵牛花,我以为以蓝色或白色者为佳,紫黑色次之,淡红色最下。最好,还要在牵牛花底,教长着几根疏疏落落的尖细且长的秋草,使作陪衬。

北国的槐树,也是一种能使人联想起秋来的点缀。像花而又不是花的那一种落蕊,早晨起来,会铺得满地。脚踏上去,声音也没有,气味也没有,只能感出一点点极微细极柔软的触觉。扫街的在树影下一阵扫后,灰土上留下来的一条条扫帚的丝纹,看起来既觉得细腻,又觉得清闲,潜意识下并且还觉得有点儿落寞,古人所说的梧桐一叶而天下知秋的遥想,大约也就在这些深沉的地方。

秋蝉的衰弱的残声,更是北国的特产;因为北平处处全长着树,屋子又低,所以无论在什么地方,都听得见它们的啼唱。在南方是非要上郊外或山上去才听得到的。这嘶叫的秋蝉,在北平可和蟋蟀耗子一样,简直像是家家户户都养在家里的家虫。

1. 第一节中,"感到十分的秋意"的"十分"的意思是(     )。
   A. 副词,很              B. 形容程度深
   C. 意思即"十二分"        D. 程度副词,非常,极其
2. 对这三节描写的景物概括正确的一项是(     )。
   A. 院落秋花   北国槐树   秋蝉残声     B. 院落秋色   槐树落蕊   秋蝉残声
   C. 院落秋花   北国槐树   北国秋蝉     D. 院落秋色   槐树落蕊   北国秋蝉
3. 联想一般分为四种:相似联想、相关联想、相反联想、因果联想。下列各句联想类型和其他不同类的一项是(     )
   A. 静对着像喇叭似的牵牛花的蓝朵,自然而然地也能感觉到十分的秋意。
   B. 像橄榄又像鸽蛋似的这枣子颗儿,在小椭圆形的细叶中间,显出淡绿微黄的颜色的时候,正是秋的全盛时期。

C. 这嘶叫的秋蝉,在北平可和蟋蟀耗子一样,简直像是家家户户都养在家里的家虫。

D. 在南方每年到了秋天,总要想起陶然亭的芦花,钓鱼台的柳影,西山的虫唱,玉泉的夜月,潭柘寺的钟声。

4. 作者认为牵牛花的色彩"以蓝色或白色者为最佳,紫黑色次之,淡红者最下",对之理解赏析正确的一项是(　　)

　　A. 这充分说明作者对色彩的研究也颇有造诣,也反映了作者对颜色的看法。

　　B. 这与文眼一致,从视觉效果上突出了北国秋的"清、静、悲凉",恰当地传达了作者的情感。

　　C. 四种颜色里,确确实实是蓝、白色最好,不浓不淡,不妖不艳,恰到好处。

　　D. 作者仅仅是为了表达一家之言,未必可信,实际上,淡红色的牵牛花还是蛮不错的。

5. 选文中,两次写到声音:一是"青天下驯鸽的飞声",一是"秋蝉的衰弱的残声"。对这样写的作用分析正确的一项是(　　)

　　A. 两种声音的描写,巧妙地告诉读者,北国的秋天有"清、静、悲凉"的一面,也有生机勃勃的一面。

　　B. 两种声音的描写,其实没有什么可探究的,就是写实而已,这两种声音那时那地确实有。

　　C. 两种声音的描写,很好地写出了北国秋天景色的多样性,不然,就显得单调而乏味。

　　D. 两种声音的描写,以声写静,更能让读者感受到了北国秋天的"清、静、悲凉"。

6. 对三节文字分析理解正确的一项是(　　)

　　A. 在这三节文字里,作者从不同的侧面向我们展示了北国的秋景,表达了作者对北国秋天的热爱之情。

　　B. 三节文字,一一对应地表现了北国秋天的"清""静""悲凉",虽然各自互有渗透,但还是各有侧重的。

　　C. 在写北国之秋的时候,作者时不时地提及南方的秋天,每一节都将故都之秋和南国之秋进行对比,更加鲜明地表现了作者对故都秋的喜爱。

　　D. 三节文字,每一节都综合运用了记叙、描写、议论、抒情和说明等多种表达方式,使得行文活泼不呆板。

7. 写槐树的落蕊和秋蝉的残声流露了作者怎样的思想感情?

8. 画线句子描写了怎样的景色?突出了故都之秋怎样的特点?

9. 第三段主要采用什么手法来写？写秋蝉"像是家家户户都养在家里的家虫"的意图是什么？




（二）阅读下面的段落，回答10～13题。

　　秋天，无论在什么地方的秋天，总是好的；可是啊，北国的秋，却特别地来得清，来得静，来得悲凉。我的不远千里，要从杭州赶上青岛，更要从青岛赶上北平来的理由，也不过想饱尝一尝这"秋"，这故都的秋味。

　　江南，秋当然也是有的；但草木凋得慢，空气来得润，天的颜色显得淡，并且又时常多雨而少风；一个人夹在苏州上海杭州，或厦门香港广州的市民中间，混混沌沌地过去，只能感到一点点清凉，秋的味，秋的色，秋的意境与姿态，总看不饱，尝不透，赏玩不到十足。秋并不是名花，也并不是美酒，那一种半开半醉的状态，在领略秋的过程上，是不合适的。

10. 第一段主要写作者怎样的感受？




11. 北国之秋有怎样的特点？这样写在全文中有何作用？




12. 第二段在文中起什么作用？为什么宕开一笔，先写江南之秋？




13. "混混沌沌""半开半醉"在文中指怎样的状态？

三、课外拓展练习

**阅读下面的文章,回答1~5题。**

## 童　年

### 高尔基

　　父亲过世后,我一直住在外祖父家。有一年,外祖父卖掉了原来的住房,另买了一座。新房院子内有一个不大的花园,花园左边围墙外住的是奥夫相尼科夫上校一家,他们家有三个小男孩。

　　外祖父家花园左边围墙外的院子里,几乎每天下午都有三个小男孩在玩耍。他们都是灰衣灰帽灰眼睛,我只能从个子高矮来分辨他们。

　　我从围墙缝里观察他们,他们从未发现我,可是我倒希望他们发觉我。我喜欢他们那么有趣、快乐、和睦地玩我没有见过的各种游戏,喜欢他们相互关心,特别使我喜欢的是两个哥哥对小弟弟——那个长得挺滑稽的、活泼机敏的小不点儿的态度。倘若他跌跤了,两个哥哥就会笑起来,但并不像通常一些对栽跟头的人那样幸灾乐祸地笑,而是马上就去帮助小弟弟爬起来,如果他跌脏了手或膝盖,他们就用牛蒡叶子、手帕擦净他的手和裤子,二哥还对他说:

　　"瞧你这笨样儿……"

　　有一次,我爬到树上,向他们打了个口哨。他们一听到口哨就都站住了,然后不慌不忙地聚到一起,不时地看看我,开始悄悄地商量。我想,他们一定要用石子扔我,便赶快下树,拾了好多石子,把几个口袋都塞满,停了一会儿又爬到树上,可他们已到离我很远的院子角落里去玩了。很明显,他们已把我忘了。这使我怅然若失,但我也不想先开仗。过了一会儿,有人在通风的小窗口喊他们:

　　"孩子们,快回家吧!"

　　他们像三只小鹅,听话地、不紧不慢地走了。

　　我有好多次坐在围墙上面的树杈上,期待着他们喊我去跟他们一起玩,可他们从来没喊过,但是,我在心中已经跟他们一起玩了,有时入了神,情不自禁地大声叫着笑了起来。这时,他们便一起看看我,悄悄地在说着什么,我十分难为情,便爬下树了。

　　有一次,他们玩起了捉迷藏游戏,轮到老二找人,他跑到仓库拐角里,两只手老老实实地蒙住眼睛站在那儿,一点儿不偷看。哥哥和弟弟跑去藏起来。哥哥跑得很快,机敏地躲进放在仓库遮檐下的一架宽雪橇里,而那个小弟弟慌了神,围着井旁跑来跑去,找不到可以藏自己的地方。

　　"一,"二哥喊道,"二……"

　　小弟弟急了,猛地一下跳到井栏上,抓住井绳,把两只脚伸进空吊桶,只听见吊桶在井栏壁上咚咚响地轻轻碰了几下,人就不见了。

　　我惊呆了,眼看着井辘轳飞快地旋转着,但是我很快就明白将会发生什么事情,一纵身便跳进他们的院子,喊道:

　　"掉到井里啦!……"

　　老二和我同时跑到井栏边,他紧紧抓住井绳,猛向上拉,我及时地上去截住了井绳,就在这

当口,他们的大哥也跑到井边,帮助把吊桶往上拉,他说:

"请轻一点!"

我们很快将小弟弟拉上来了,他也吓坏了:鲜血从右手手指上直往下滴,颈上的皮擦伤了好大一块,从脚到腰都湿透了,脸色苍白得发青,但一面打着寒噤,一面还在笑。他睁大了眼睛笑着,拖长了声音说:

"我怎——怎么掉——掉下——去啦……"

"你发疯了,就这回事儿。"他的二哥搂着他,用手帕擦他脸上的血,老大愁眉不展地说:"我们回家吧,反正瞒不住了……"

"你们会挨打吗?"我问。

老大点了点头,然后向我伸出手,说道:"你跑得真快!"

听了他的称赞,我很高兴,还没来得及握住他的手,他就对二弟说:"我们走吧,他要感冒了!我们就说他摔倒了,掉下井的事不要说!"

"对,不要说,"小弟弟打着寒噤同意说,"我是跌到水洼里的,对吧?"

三兄弟走了。

这一切发生得这么快,我扭回头看了看,刚才我从上面跳到院子里来的那个树杈还在晃动呢,有一片黄树叶正从上面落下来。

兄弟三人将近一个星期没出来,后来出来玩时,比以前玩得还热闹,老大看见我在树上,亲切地向我喊道:

"下来,到我们这儿来吧!"

我们钻进仓库遮檐下的那架旧雪橇里,互相打量着,交谈了很久。

(节选自《童年》,聂刚正、高厚娟译,有删改)

1. 与三个小男孩结为玩伴前,"我"做了哪些事?请分点概括。

2. 三兄弟除了互相关爱、和睦相处、反应机敏的共同特点外,还有鲜明的个性。请各举一例分别说出三兄弟不同的个性。

3. 联系上下文,回答问题。
① "这使我怅然若失,但我也不想先开仗"中的"我"为什么怅然若失?

② "刚才我从上面跳到院子里来的那个树杈还在摇动呢,有一片黄树叶正从上面落下来"这一处描写有什么作用?请做简要分析。

4. "我"的童年生活可以从"我"与三个小男孩的交往中反映出来。请从文中三处画线的句子,归纳概述"我"童年生活的状况。

5. 下列与本文作者不属于同一国家的是( )。
　　A. 普希金　　B. 托尔斯泰　　C. 契诃夫　　D. 茨威格

# 荷塘月色

## 一、基础训练

1. 下列各组词语中,没有错别字的一项是( )。
   A. 幽僻　诅咒　没精打彩　历尽沧桑
   B. 弥望　斑驳　专心至志　小心翼翼
   C. 寂莫　缥缈　蓊蓊郁郁　游目骋怀
   D. 嬉游　坐落　豁然开朗　迥然不同

2. 下列解释全对的一项是( )。
   A. 蓊蓊郁郁:树木茂盛的样子　　脉脉:拟声词,形容水流的声音
      宛然:仿佛　　　　　　　　　倩影:美丽的影子
   B. 袅娜:轻盈的样子　　　　　　风致:美的姿态
      弥望:满眼　　　　　　　　　凝碧:青翠欲滴的样子
   C. 妖童媛女:艳丽的少男和美貌的少女　　尔其:那
      田田:形容荷叶相连的样子　　羽杯:酒杯
   D. 迁延顾步:走走退退,不住回视自己　　斑驳:明暗不一
      敛裾:提一提衣裳　　　　　　消受:享受,多用于否定

3. 从下面的句子中找出一句在修辞特点上和"塘中的月色并不均匀;但光与影有着和谐的旋律,如梵婀玲上奏着的名曲"一句相同的句子( )
   A. 树缝里也漏着一两点路灯光,没精打采的,是渴睡人的眼。
   B. 层层的叶子中间,零星地点缀着些白花,有袅娜地开着的,有羞涩地打着朵儿的;正如一粒粒的明珠,又如碧天里的星星,又如刚出浴的美人。
   C. 叶子本是肩并肩密密地挨着,这便宛然有一道凝碧的波痕。
   D. 微风过处,送来缕缕清香,仿佛远处高楼上渺茫的歌声似的。

4. 为下面的句子排顺序,正确的一组是( )。
   ① 树梢上隐隐约约的是一带远山,只有些大意罢了。②树色一例是阴阴的,乍看像一团烟雾;但杨柳的丰姿,便在烟雾里也辨得出。③这些树将一片荷塘重重围住;只在小路一旁,漏着几段空隙,像是特为月光留下的。④树缝里也漏着一两点路灯光,没精打采的,是渴睡人的眼。⑤荷塘的四面远远近近,高高低低都是树,而杨柳最多。
   A. ⑤③②①④　　B. ①④③②⑤　　C. ①④②③⑤　　D. ⑤②③①④

5. 对《西洲曲》的理解,不正确的一项是( )
   A. 首句交代了采莲的地点和时间。
   B. 第二句是说莲花出水很高,超过了船上人的头。
   C. 第三句是说莲蓬成熟了,压弯了莲茎,因而要低头采摘。
   D. 最后一句是说莲子像刚出水一样清亮。

6. 下列句子中,加点成语使用恰当的一句是(　　)

　　A. 经过一代代工匠们的努力,这一精湛的传统制陶工艺薪尽火传,并在新的时代不断得到发展。

　　B. 今年春天,中国北方出现了多次沙尘暴天气,其主要原因是我们未雨绸缪,植被大面积遭到破坏。

　　C. 苏轼的《水调歌头(明月几时有)》信手拈来前人的成果入词,达到了天衣无缝的境地,真是化典入词的范例。

　　D. 这位公司的首席代表以买椟还珠的气魄,大胆地与外商签订了联合开发海外市场的新协议。

7. 下列各句中,有语病的一句是(　　)

　　A. 虽然最终结果只是平局,但国安足球队的目的地达到了,他们用自己的力量捍卫了榜首的荣誉。

　　B. 中东局势依然动荡,原油价格大幅上升将对全球经济复苏产生不利影响,美国经济复苏的前景也因此蒙上了阴影。

　　C. 近日,我国利用性能最高的超级服务器曙光3000实现了关键的基因组测序和组装分析工作,率先完成了水稻基因组"工作框架图"和数据库。

　　D. 一个企业如果不考虑盈利,一味地让利,那么这个企业就不会有长久的生命力,消费者得到实惠也是暂时的。

## 二、课文练习

**阅读下面的段落,回答1~8题。**

　　曲曲折折的荷塘上面,弥望的是田田的叶子。叶子出水很高,像亭亭的舞女的裙。层层的叶子中间,零星地点缀着些白花,有袅娜地开着的,有羞涩地打着朵儿的;正如一粒粒的明珠,又如碧天里的星星,又如刚出浴的美人。微风过处,送来缕缕清香,仿佛远处高楼上渺茫的歌声似的。这时候叶子与花也有一丝的颤动,像闪电般,霎时传过荷塘的那边去了。叶子本是肩并肩密密地挨着,这便宛然有了一道凝碧的波痕。叶子底下是脉脉的流水,遮住了,不能见一些颜色;而叶子却更见风致了。

　　月光如流水一般,静静地泻在这一片叶子和花上。薄薄的青雾浮起在荷塘里。叶子和花仿佛在牛乳中洗过一样;又像笼着轻纱的梦。虽然是满月,天上却有一层淡淡的云,所以不能朗照;但我以为这恰是到了好处——酣眠固不可少,小睡也别有风味的。月光是隔了树照过来的,高处丛生的灌木,落下参差的斑驳的黑影,峭楞楞如鬼一般;弯弯的杨柳的稀疏的倩影,却又像是画在荷叶上。塘中的月色并不均匀;但光与影有着和谐的旋律,如梵婀玲上奏着的名曲。

1. 指出下列比喻句的相似点。
①月光如流水一般；
②（叶子和花）又像笼着轻纱的梦。


2. "缕缕清香"和"渺茫的歌声"的相似点是_____。
此句运用的修辞手法是_____。


3. 选文第1自然段画横线的三个比喻句各侧重写什么？


4. "酣眠固不可少,小睡也别有风味的"在这里是打个比方,那么"酣眠"在文中指什么？"小睡"又指什么？


5. "光与影"怎么与"名曲"相通起来？


6. 从结构上看,"这几天心里颇不宁静"一句的作用是什么？


7. 从贯穿全文的感情看,"这几天心里颇不宁静"一句的作用是什么？

8. "忽然想起采莲的事情来了",这"忽然"写出了作者怎样的心绪?

9. 阅读课文开头和结尾的几句话,回答问题。
开头:"……妻在屋里拍着闰儿,迷迷糊糊地哼着眠歌。我悄悄地披了大衫,带上门出去。"
结尾:"……轻轻地推门进去,什么声息也没有,妻已睡熟好久了。"
① 你认为这样开头和结尾有哪些作用?

② 作者对"妻"着墨不多,却集中在开头和结尾。作者为什么要写"妻"?为什么要这样写"妻"呢?谈谈你的看法。

## 三、课外拓展练习

(一)阅读下面的段落,回答1~4题。

莲花自古以来,一向为我国人民所称颂。历代文人墨客爱莲,称它为"君子花",推它为知己,颂扬它"出淤泥而不染,濯清涟而不妖"的品格,其实,这只是以莲花来标榜自己的超然出世罢了。

然而,说到莲花,我不禁想起了《荷塘月色》的作者,著名的诗人、散文作家、爱国知识分子朱自清先生。他在那贫困交加、饥寒交迫的时刻,为"表示中国人民的尊严和气节",断然拒绝领取美国具有"收买灵魂"性质的"救济粮",这不正是"出淤泥而不染"的崇高品格的真实写照吗?

我爱莲花,爱它那朴实无华的风姿,爱它那不染污泥的风骨,也爱它那顺乎自然的独特美姿。在烈日当空的时候,是妩媚灿烂;在皎洁的月光下,则清影娇绮;风吹,是绿波翻腾,红裳飞衣;雨打,则碧碗倾摇,银珠戏跳。不论是什么时候,不论大自然如何变幻,它总能展示出一幅优美动人的图画,使人心旷神怡。

1. "出淤泥而不染,濯清涟而不妖"出自周敦颐所写的《_____》。
2. 下列词或句子打上引号,它们的作用分别是( )。
①"君子花"   ②"出淤泥而不染"   ③"救济粮"
  A. ①引用;②强调;③具有特殊含义   B. ①强调;②强调;③引用
  C. ①强调;②引用;③具有特殊含义   D. ①表示专用名词;②引用;③具有特殊含义

3. 由"莲花"联想到朱自清先生,这属于(　　)。
   A. 因果联想　　B. 相关联想　　C. 相似联想　　D. 对比联想
4. 朱自清拒领"救济粮"的原因是什么?




**(二) 阅读下面的段落,回答5～9题。**

　　看荷花,宜晨,宜夜。朝晖月色映照下,玉立婷婷,青盖田田,倍添丽色。不过黄昏夕阳中,却也别有风情。

　　近来,炎天溽暑,始终徘徊不去。很想念那片"清风徐来,绿云自动"的荷池。趁着晚晴时分,全家到了植物园。一路上尽念着姜白石(南宋词人)的句子"古城野水,乔木参天""水佩风裳无数""冷香飞上诗句""高柳垂荫,老鱼吹浪,留我花间住",似乎凉意顿生,溽暑已消。

　　可是,真正面对满塘翠叶红花,却很想叹气!首先,荷叶太挤,挤得每片叶子都不易伸展,很难有"田田"之感。其次,花不是已谢,就是未开,加上刚下过一场雨,一点荷香也闻不到,自悔寻芳到已迟,"冷香嫣然"只是凭想象得之。再放眼一望,池中间居然一大块空白,片叶俱无,真像人头上患上了癣癞之疾,成了不毛之地!据说是水污染的后遗症,真是大煞风景。看荷的心情,到此已索然无味,正预备败兴而返。——偏偏一岁半的小女儿面对平生初见的"奇景",正感动得目眩神迷,不停地说"花花开啦""蜻蜓来啦!"两条小腿,绕池急奔,兴奋得恨不能纵浪池水中,伴花叶蜻蜓共舞!怕她跌倒,我们也只有绕池一周。这才发觉到池边树下,游人如织,观赏荷塘夕照的人并不少!面向一池翠碧,有人静坐,有人闲聊,有人读书,有人漫步,俱是怡然自得。骤雨方晴,夕阳灿灿如金,荷风阵阵,拂面生凉,老树浓荫,细草柔碧。再细看池中未开的花苞宛如木笔,亭亭擎立,嫣红如染,荷叶上圆珠的闪烁,晶莹如玉。此情此景,确也可乐。忽觉心中阴霾顿消,也想着和女儿唱起歌来:"夕阳斜,晚风飘,大家齐唱采莲谣……"

　　原来喜乐悲愁,全在一念之间。一年好景,一岁繁华,本无须远求,只要以不沾不染之心,巨细无遗的眼,真正去领略,就是福气。


5. "不毛之地"在文中的意思是什么?




6. "黄昏夕阳中,却也别有风情"的"风情"是指什么?

7. 第二节引姜白石词句,意在表达什么?



8. 作者"预备败兴而返"的原因是什么?

①_____。

②_____。

③_____。

9. 下列对本文的分析和鉴赏,不正确的两项是(　　)

A. 本文的主旨用文中的话来说,就是"喜乐悲愁,全在一念之间"。

B. 作者对荷池感情的变化可以这样概括:向往荷池—叹气败兴—观赏得乐。

C. 作者写如织游人怡然自得衬托了荷塘夕照之美和自己的心中之乐。

D. 作者用华美的词藻和大致整齐的文句描写荷塘夕照,流露出愉悦之情。

E. 作者用对比的手法写荷塘的不同景色,表现出对水污染的不满。

# 记念刘和珍君

## 一、选择题

1. "苟活者在淡红的血色中,会依稀看见微茫的希望;真的猛士,将更奋然而前行。"对这句话的理解正确的一项是(    )

   A. 哪怕希望是微茫的,真正的革命志士也会勇敢地前进。

   B. 即使是苟且偷生的人,也会从这流血事件中看到希望。

   C. 苟活者不应该悲观,因为有真的猛士在为希望战斗。

   D. 这句话,十分恰当地评价了"三·一八"死难烈士对未来的意义。

2. 文中引用陶潜《挽歌》的目的是(    )

   A. 批评庸人,表在对庸人的不满。

   B. 给烈士亲属以安慰。

   C. 有青山埋忠魂之意,寄托了作者牢记死者遗愿,死者当与青山同在的真挚感情。

   D. 表达了作者反对徒手请愿,对无谓牺牲的遗憾。

3. 对下列各句运用的修辞手法分析正确的一组是(    )。

   ① 我将深味这非人间的浓黑的悲凉。
   ② 沉默呵,沉默呵!不在沉默中爆发,就在沉默中灭亡。
   ③ 八国联军的惩创学生的武功,不幸全被这几缕血痕抹杀了。
   ④ 稍有人心者,谁也不会料到有这样的罗网。

   A. ①比喻;  ②反复、对比;  ③反语;   ④比喻
   B. ①比喻;  ②反复、对偶;  ③对比;   ④借代
   C. ①移就;  ②反复、对偶;  ③对比;   ④借代
   D. ①移就;  ②反复、对比;  ③反语;   ④比喻

4. 完全符合原文的一句是(    )。

   A. 真的猛士,敢于正面惨淡的人生,敢于直视淋漓的鲜血。

   B. 在这淡红的血色和微漠的悲哀中,又给人得以偷生,维持着这似人非人的世界。

   C. 忘却的救主快要降临了罢,我确有写一点东西的必要了。

   D. 四十多个青年的血,洋溢在我的周围,使我艰于呼吸视听,那里还能有什么言语?

5. 给下列空缺处填关联词,全都正确的一项是(    )。

   我在十八日早晨,__①__知道上午有群众向执政府请愿的事;下午__②__得到噩耗,说卫队__③__开枪,死伤至数百人,__④__刘和珍君即在遇害者之列。__⑤__我对于这些传说,__⑥__至于颇为怀疑。我向来是不惮以最坏的恶意来推测中国人的,__⑦__我还不料,__⑧__不信竟会下劣凶残到这地步。__⑨__始终微笑着的和蔼的刘和珍君,__⑩__何至于无端在政府门前喋血呢?

|  | ① | ② | ③ | ④ | ⑤ | ⑥ | ⑦ | ⑧ | ⑨ | ⑩ |
|---|---|---|---|---|---|---|---|---|---|---|
| A. | 便 | 才 | 竟然 | 但 | 可 | 何 | 可是 | 也 | 何况 | 更 |
| B. | 才 | 便 | 居然 | 而 | 但 | 竟 | 然而 | 也 | 况且 | 更 |
| C. | 便 | 才 | 居然 | 而 | 可 | 竟 | 可是 | 还 | 况且 | 更 |
| D. | 才 | 便 | 竟然 | 但 | 但 | 何 | 然而 | 也 | 何况 | 更 |

6. 为下列各句写出相应的成语。

　　A. 用引吭高歌或写诗文来代替哭泣,抒发胸中的悲愤。(　　　)

　　B. 愤怒到了极点,甚至超出愤怒的程度。(　　　)

　　C. 到处都有帮凶。(　　　)

　　D. 为了正义事业牺牲生命也毫不顾惜。(　　　)

7. 填入空缺处恰当的一组是(　　)。

　　而此后几个所谓学者文人的阴险的论调,尤使我觉得_____。我已经出离_____了。我将深味这非人间的浓黑的_____;以我的最大_____显示于非人间,使他们快意了我的_____。

　　A. 悲愤　愤恨　悲痛　哀痛　痛苦
　　B. 悲哀　愤恨　悲凉　痛苦　苦痛
　　C. 悲哀　愤怒　悲凉　哀痛　苦痛
　　D. 悲愤　愤怒　悲痛　痛苦　痛苦

## 二、课文练习

**(一) 阅读下面的段落,回答1～5题。**

　　然而即日证明是事实了,作证的便是她自己的尸骸。还有一具,是杨德群君的。而且又证明着这不但是杀害,简直是虐杀,因为身体上还有棍棒的伤痕。

　　但段政府就有令,说她们是"暴徒"!

　　但接着就有流言,说她们是受人利用的。

　　惨象,已使我目不忍视了;流言,尤使我耳不忍闻。我还有什么话可说呢?我懂得衰亡民族之所以默无声息的缘由了。沉默呵,沉默呵!不在沉默中爆发,就在沉默中灭亡。

　　但是,我还有要说的话。

　　我没有亲见;听说,她,刘和珍君,那时是欣然前往的。自然,请愿而已,稍有人心者,谁也不会料到有这样的罗网。……

　　始终微笑的和蔼的刘和珍君确是死掉了,这是真的,有她自己的尸骸为证……

1. 下面是对"惨象"和"流言"所指的具体内容的解释,准确的一项是(　　　)

　　A. "惨象"指:作证的便是她自己的尸骸,还有一具,是杨德群君的;"流言"指:说她是"暴徒"。

  B. "惨象"指：这不但是杀害，简直是虐杀，因身体上还有棍棒的伤痕；"流言"指：说她们是"暴徒"。

  C. "惨象"指：作证的便是她自己的尸骸，还有一具，是杨德群君的；"流言"指：说她们是受人利用的。

  D. "惨象"指：这不但是杀害，简直是虐杀，因身体上还有棍棒的伤痕；"流言"指：说她们是受人利用的。

2. "我懂得衰亡民族之所以默无声息的缘由了。"这个"缘由"是指（　　）

  A. 使人目不忍视的惨象和使人耳不忍闻的流言。

  B. 反动政府的残酷镇压。

  C. "庸人"特别容易忘却历史，他们苟且偷生。

  D. 死难者的亲戚、师友、爱人也只是沉浸在悲痛之中。

  E. 走狗文人的造谣诬蔑。

3. "我还有什么话可说呢？"其无话可说的原因是（　　）

  A. "长歌当哭"是在痛定之后，所以无话可说。

  B. 因为愤怒到了极点，所以无话可说。

  C. 惨象使作者过分忧伤，因而无话可说。

  D. 反动派的残忍使作者无话可说。

4. 作者在文中对这两种谬论都给予了反驳。反驳这两种谬论的有关句子是（　　）

  A. 驳"暴徒"的句子是："始终微笑的和蔼的刘和珍君。"驳"利用"的句子是："那时是欣然前往的。"

  B. 驳"暴徒"的句子是："我还有什么话可说呢？"驳"利用"的句子是："那时是欣然前往的。"

  C. 驳"暴徒"的句子是："始终微笑的和蔼的刘和珍君。"驳"利用"的句子是："不在沉默中爆发，就在沉默中灭亡。"

  D. 驳"暴徒"的句子是："我还有什么话可说呢？"驳"利用"的句子是："不在沉默中爆发，就在沉默中灭亡。"

5. 分析这段文字在表达上的主要特点及作用，准确的一项是（　　）

  A. 这段文字多用排比句，表达了鲁迅先生极大的悲痛和愤怒。

  B. 这段文字多用短句，表达了鲁迅先生极大的悲痛和愤怒。

  C. 这段文字多用排比句，表达了鲁迅先生极大的惋惜和同情。

  D. 这段文字多用短句，表达了鲁迅先生极大的惋惜和同情。

**（二）阅读下面的段落，完成5～8题。**

  我已经说过：我向来是不惮以最坏的恶意来推测中国人的。但这回却很有几点出于我的意外。一是当局者竟会这样地凶残，一是流言家竟至如此之下劣，一是中国的女性临难竟能如是之从容。

我目睹中国女子的办事,是始于去年的,虽然是少数,但看那干练坚决,百折不回的气概,曾经屡次为之感叹。至于这一回在弹雨中互相救助,虽殒身不恤的事实,则更足为中国女子的勇毅,虽遭阴谋秘计,压抑至数千年,而终于没有消亡的明证了。倘要寻求这一次死伤者对于将来的意义,意义就在此罢。

　　苟活者在淡红的血色中,会依稀看见微茫的希望;真的猛士,将更奋然而前行。

　　呜呼,我说不出话,但以此记念刘和珍君!

5. 指出下列句中的"此"指代的内容。
　　(1) 一是流言家竟至如此之下劣。
　　"此"指代：


　　(2) 倘要寻求这一次死伤者对于将来的意义,意义就在此罢。
　　"此"指代：


　　(3) 但以此纪念刘和珍君。
　　"此"指代：


6. 解释下列句中所提到的各种人。
　　(1) 我向来是不惮以最坏的恶意来推测中国人的。
　　中国人：


　　(2) 苟活者在淡红的血色中……
　　苟活者：


　　(3) 真的猛士,将更奋然而前行。
　　真的猛士：

7. 第一段开头强调指出"我向来是不惮以最坏的恶意来推测中国人的"有什么作用？试作简要的分析。

8. 这几段文字很好地总结了全文，试讲出三点理由来。

## 三、课外拓展练习

阅读下面的文章，回答1～4题。

### 痛哭和珍

#### 石评梅

惨淡庄严的礼堂，供满了鲜花，挂满了素联，这里面也充满了冷森，充满了凄伤，充满了同情，充满了激昂；多少不相识的朋友们都掬着眼泪，来到这里吊你，哭你！看那渗透了鲜血的血衣。

四围都是哀声，似乎有万斤重闸压着不能呼吸，烛光照看你的遗容，使渺小的我不敢抬起头来。和珍！谁都称你作烈士，谁都赞扬你死的光荣，然而我只痛恨，只伤心，这黑暗崎岖的旅途谁来领导？多少伟大的工程凭谁来完成？况且家中尚有未终养的老母，未成年的弱弟，等你培植，待你孝养。

不幸，这些愿望都毁灭在砰然一声的卫士手中！

当偕行社同学公祭你时，她们的哀号，更令我心碎！你怎忍便这样轻易撒手离开了她们，在这虎威抖擞、豺狼得意的时候。一直是同患难，同甘苦，同受惊恐，同遭摧残，同到宗帽胡同，同回石驸马大街。三月十八那天也是同去请愿，同在枪林弹雨中挣扎，同在血泊尸堆上逃命；然而她们都负伤生还，只有你，只有你惨被屠杀！她们跟着活泼微笑的你出校，她们迎着血迹模糊的你归来，她们怎能不痛哭战线上倒毙的勇士，她们怎能不痛哭战斗正殿中失去了首领！

和珍！我不愿意你想起我，我只是万千朋友中一个认识的朋友，然而我永远敬佩你做事的毅力和任劳任怨的精神，尤其是你那微笑中给予我的热力和温情。

现在夜已深了，你的灵前大概也绿灯惨惨，阴气沉沉的静寂无人，这是你的尸骸在女师大最后一夜的停留了，你安静的睡吧！不要再听了她们的哭声而伤心！明天她们送灵到善果寺时，我不去执绋了，我怕那悲凉的军乐，我怕那荒郊外的古刹，我更怕街市上灰尘中那些蠕动的东西。他们比什么都蠢，他们比什么都可怜，他们比什么都残忍，他们整个都充满了奴气。当你的棺材，你的血衣，经过他们面前，触入他们眼帘时，他们一面瞧着热闹，一面悄悄地低声咒骂你"活该"！他们说："本来女学生起什么哄，请什么愿，亡国有什么相干？"虽然我们不要求人们的同情，不过这些寒心冷骨的话，我终于不敢听，不敢闻。自你死后，自这大屠杀闭幕后，我早已丢失了，吓跑了，自己终于不知道究竟去了哪里。

和珍！你明天出了校门走到石驸马大街时，你记得不要回头。你一直向前去吧，披着你的散发，滴着你的鲜血，忍痛离开这充满残杀、充满恐怖、充满豺狼的人间吧！和珍，梦！噩梦！想不到最短时期中，匆匆草草了结了你的一生！然而我们不幸的生存者，连这都不能得到，依然供豺狼虫豸残杀，还不知死在何日？又有谁来痛哭凭吊齿残下的我们？

三月廿五赴和珍追悼会归来之夜中写。

1. 在作者的眼中，刘和珍是怎样的人？请整合文中的信息，简要回答。

2. 作者在痛哭和珍时，也写到自己。她是怎样写自己的？这样写有什么作用？

3. 鲁迅先生在《记念刘和珍君》中写道："沉默呵，沉默呵！不在沉默中爆发，就在沉默中灭亡。"而本文写道："沉默是最深的悲哀，此后你便赠给我永久的沉默。"试比较这两段话的含义。

4. 下列对这篇散文的赏析，正确的两项是（　　　　）。
   A. 文章从追悼会惨淡庄严的礼堂写起，连用六个"满"字，以鲜花和素联将冷森、凄伤、同情、激昂的气氛烘托到极致，读来使人潸然泪下。
   B. 文章主要以第二人称来写，便于抒发感情，既拉近了作者与刘和珍的距离，也拉近了读者和刘和珍的距离，自然实现了生者和逝者的对话。
   C. 对"街市上灰尘中那些蠕动的东西"的一段描写，形象地写出了当时中国老百姓的愚蠢、可怜、残忍和充满奴性，入木三分，极富批判性。
   D. 最后一段"然而我们不幸的生存者……又有谁来痛哭凭吊齿残下的我们？"深刻地揭示出时局的险恶、反动派的凶残以及作者对未来的担忧。
   E. 本文是作者赴刘和珍追悼会归来的当日连夜写成的，凄婉哀怨，而又蕴含着钢铁般的意志和无穷的力量，因而读来具有强烈的艺术感染力。

# 胡同文化

## 一、基础训练

1. 下列加点字注音全对的一组是（　　）。
   A. 储存(zhù)　　薪水(xīn)　　酱油(jiàng)
   B. 噌(cēng)　　惊闺(gūn)　　房檩(lǐn)
   C. 崩塌(tā)　　庠序(xiáng)　　摞(luò)
   D. 骄阳(jiāo)　　虾蟆(xiā)　　低徊(huái)

2. 下列各组词语中没有错别字的一组是（　　）。
   A. 喧闹　　安份守己　　挪窝　　不约而同
   B. 伺候　　莫不关心　　精义　　休戚相关
   C. 房檐　　逆来顺受　　万贯　　冷眼旁观
   D. 荣华　　满目荒凉　　精采　　置身事外

3. 给文中的胡同名称分类不正确的一项是（　　）。
   A. 大雅宝胡同、王广福胡同、高义伯胡同
   B. 高义伯胡同、小羊宜宾胡同、王皮胡同
   C. 手帕胡同、羊肉胡同
   D. 无量大人胡同、王皮胡同

4. 填空。
   ① 本文的作者是_____，中国现代作家，江苏高邮人。其作品主要有短篇小说_____等。本文是作者为摄影艺术集_____写的序。
   ② 但是他们舍不得"挪窝儿"——_____。
   ③ 忍着吧！——_____。
   ④ 各人自扫门前雪，_____。

5. 下列词语中加点字解释不正确的一项是（　　）
   A. 不约而同：约，约定。
   B. 安土重迁：重，重新。
   C. 冷眼旁观：冷，冰冷。
   D. 忠心耿耿：耿耿，心事重。

6. 体会下面几句话的含义。
   ① 虾米皮熬白菜，嘿！

② 睡不着,别烦躁,别起急,眯着,北京人,真有你的!

③ 西风残照,衰草离坡,满目荒凉,毫无生气。

7. 北京胡同的建筑特点与文化特点有何关系?

8. 试说说课文的语言特色。

二、课文练习

**阅读下面的段落,回答1~4题。**

　　胡同是贯通大街的网络。它距离闹市很近,打个酱油,约二斤鸡蛋什么的,很方便,但又似很远。这里没有车水马龙,总是安安静静的。偶尔有剃头挑子的"唤头"(像一个大镊子,用铁棒从当中擦过,便发出噌的一声)、磨剪子磨刀的"惊闺"(十几个铁片穿成一串,摇动作声)、算命的盲人(现在早没有了)吹的短笛的声音。这些声音不但不显得喧闹,倒显得胡同里更加安静了。

　　胡同和四合院是一体。胡同两边是若干四合院连接起来的。胡同、四合院,是北京市民的居住方式,也是北京市民的文化形态。我们通常说北京的市民文化,就是指的胡同文化。胡同文化是北京文化的重要组成部分,即便不是最主要的部分。

　　胡同文化是一种封闭的文化。住在胡同里的居民大都安土重迁,不大愿意搬家。有在一个胡同里一住住几十年的,甚至有住了几辈子的。胡同里的房屋大都很旧了,"地根儿"房子就不太好,旧房檩,断砖墙。下雨天常是外面大下,屋里小下。一到下大雨,总可以听到房塌的声音,那是胡同里的房子。但是他们舍不得"挪窝儿"——"破家值万贯"。

1. 第一段说:"它距离闹市很近,打个酱油,约二斤鸡蛋什么的,很方便,但又似很远。"这里的"很近"是指:_____,"很远"是指:_____。

2. 第一段中"偶尔"一词能否删去?在文中有何作用?

3. "这些声音不但不显得喧闹,倒显得胡同里更加安静了",这句话用了什么表现手法?突出了什么样的环境特点?

4. 文章说:"胡同文化是一种封闭的文化。"请分条概括住在胡同里的居民的封闭性表现在哪些方面?

### 三、课外拓展练习

**阅读下面的文章,完成1~5题。**

## 我爱北京的小胡同

### 季羡林

我爱北京的小胡同,北京的小胡同也爱我,我们已经结下了永恒的缘分。

六十多年前,我到北京来考大学,就下榻于西单大仓里面的一条小胡同中一个小公寓里。白天忙于到北大三院去应试。北大与清华各考三天,考得我焦头烂额,筋疲力尽。夜里回到公寓小屋里,还要忍受臭虫的围攻,特别可怕的是那些臭虫的空降部队,防不胜防。

但是,我们这一帮山东来的学生仍然能够苦中作乐。在黄昏时分,总要到西单一带去逛街。街灯并不辉煌,"无风三尺土,有雨一街泥",也会令人不快。我们却甘之如饴。耳听铿锵清脆、悠扬有致的京腔,如闻仙乐。此时鼻管里会蓦然涌入一股幽香,是从路旁小花摊上的栀子花和茉莉花那里散发出来的。回到公寓,又能听到胡同里的叫卖声:"驴肉,驴肉。""王致和臭豆腐!"其声悠扬、深邃,还含有一点凄清之意。这声音把我送入梦中,送到与臭虫搏斗的战场上。将近五十年前,我在欧洲待了十多年以后,又回到了故都。这次是住在东城的一条小胡同里:翠花胡同,与南面的东厂胡同为邻。我住的地方后门在翠华胡同,前门则在东厂胡同,据说是明朝的特务机关东厂所在地,是折磨、囚禁、拷打、杀害所谓"犯人"的地方。冤死之人极多,他们的鬼魂常出来显灵。我是不相信什么鬼怪的。我感兴趣的不是什么鬼怪显灵,而是这一大所房子本身。它地跨两个胡同,其大可知。里面重楼复阁,四廊盘曲,院落错落,花园重叠,一个陌生人走进去,必然是如入迷宫,不辨东西。

然而,这样复杂的内容,无论是从前面的东厂胡同,还是从后面的翠花胡同,都是看不出来的。外面十分简单,里面十分复杂;外面十分平凡,里面十分神奇。这是北京城里许多小胡同共有的特点。

据说当年黎元洪大总统在这里住过。我住在这里的时候,北大校长胡适住在黎住过的房子中。我住的这个地方仅仅是这个院子的一个旮旯,在西北角上。但是这个旮旯并不小,是一个三进的院子,我第一次体会到"庭院深深深几许"的意境。我住在最深一层院子的东房中,院子里摆满了汉代的砖棺。这里本来就是北京的一所"凶宅",再加上这些棺材,黄昏时分,总会让人感到鬼影幢幢,毛骨悚然,所以很少有人敢在晚上拜访我。我每日与鬼为邻,倒也过得很安静。

第二进院子里有很多树,我最初没有注意到是什么树。有一个夏日的夜晚,刚下过一阵雨,我走到树下,忽然闻到一股幽香。原来这些是马樱花树,树上正开着繁花,幽香就是从这里发出来的。这一下子让我回忆起十几年前西单的栀子花和茉莉花的香气。当时我是一个十九岁的大孩子,现在成了中年人。相距近二十年的两个我,忽然融合到一起来了。

不管是六十多年,还是五十年,都成为过去了。现在北京的面貌天天在改变,层楼摩天,国道宽敞。然而那些可爱的小胡同,却日渐消逝,被摩天大楼吞噬掉了。看来在现实中小胡同的命运和地位都要日趋消沉,这是不可抵御的,也不一定就算是坏事。可是我仍然执着地关心我的小胡同。就让它们在我的心中占一个地位吧,永远,永远。

我爱北京的小胡同,北京的小胡同也爱我。

1. 第三段说"我们这一帮山东来的学生仍然能够苦中作乐"。其中"苦"指什么,"乐"又指什么?

2. 结合全文内容回答,你如何理解"外面十分简单,里面十分复杂;外面十分平凡,里面十分神奇。这是北京城里许多小胡同共有的特点"这句话的深刻含义?

3. 第一段中写道:"我爱北京的小胡同,北京的小胡同也爱我,我们已经结下了永恒的缘分。"作者为什么这样说?请简述理由。

4. 比较《胡同文化》与本文的结尾,分析它们在对胡同未来命运的看法上是否相同,情感是否一致。

5. 作者在文中对胡同文化流露出一种复杂的感情,这种感情在文中是如何体现的?

# 南州六月荔枝丹

## 一、选择题

1. 下列词语中,加点的字注音无误的一组是（　　）。
   A. 粗糙(cāo)　　红缯(zēng)　　乳酪(lào)
   B. 背负(bèi)　　树冠(guān)　　萌蘖(niè)
   C. 龟裂(guī)　　宋徽宗(huī)　　贮藏(zhù)
   D. 谚语(yàn)　　紫绡(qiāo)　　果梗(gěng)

2. 下列词语中,字形正确无误的一组是（　　）。
   A. 醴酪　纵然　粗糙　呕气　　B. 希奇　薄膜　烘干　嘲讽
   C. 花序　进贡　移植　吹嘘　　D. 气侯　渣滓　绚丽　褐色

3. 下列词语中加点的字(词)解释正确的一组是（　　）。
   A. 紫绡(生丝织的绸子)　　　　兼程(既走水路,又走陆路)
   B. 醴酪(甜酒)　　　　　　　　日啖(品尝)
   C. 密移造化出深山(自然、天然)　绛囊(深红色)
   D. 山顶千门次第开(第二次)　　浑圆(全、满)

4. 下列加点的成语使用正确的一项是（　　）
   A. 离家出走的小燕来到公园电话亭:"妈,我成了断线风筝,无家可归了。"
   B. 在那蹉跎岁月,我们的革命先辈爬雪山,过草地,吃了多少苦啊!
   C. 菊花盛开,姹紫嫣红,煞是好看。
   D. 想不到昔日的"浪子"今天却成了英雄,这就不得不令人刮目相看。

5. 选出下列句子中标点使用不正确的一项（　　）
   A. 正如白居易所说:"一日而色变,二日而香变,三日而味变,四五日外,色香味尽去矣。"
   B. 描写吃荔枝时把壳和膜扔在地上,好似"盈盈荷瓣风前落,片片桃花雨后娇",是夸张的说法。
   C. 宋徽宗时,福建"以小株结实者置瓦器中,航海至阙下,移植宣和殿"。
   D. 徽宗写诗吹嘘说:"密移造化出闽山,禁御新栽荔枝丹"。

6. "现在科学发达,使荔枝北移,将来也许不是完全不可能的事。"与这句话意思相同的一句是（　　）
   A. 现在科学发达,使荔枝在北方成活,将来一定是可以实现的。
   B. 现在科学发达,使荔枝向北方移植,将来是不一定有可能实现的。
   C. 现在科学发达,使荔枝移植到北方,不可能在将来不取得成功。
   D. 现在科学发达,使荔枝向北方移植,将来是有可能成功的。

7. 对本文文题的说法,不正确的是（　　）
   A. 南州,泛指粤闽一带;六月,是农历六月,这句话概括了荔枝的产地和成熟时间。
   B. 丹,是深红色,在此处是名词作动词用,意思是正在成为红色,即指荔枝逐渐成熟。

C. 用诗做文题,既鲜明又形象,富于诗意,而且与本文广泛征引古代诗文的写法相映衬,突现了文章的文学情趣。

D. 用古人的一句诗为题,巧妙地概括了文章重点说明的内容,独树一帜,别有情趣。

8. 文章说明荔枝的果形"呈心脏形、卵圆形",最后说明旧记载中的一些稀奇的品种。说明这些稀奇品种的作用是什么?下列分析不正确的一项是(　　)

A. 读者对古今荔枝果形有全面的了解。

B. 突出这一荔枝果形说明的科学性。

C. 增添文章的趣味性。

D. 说明我国荔枝品种繁多。

9. 第8自然段引用唐明皇宠幸杨贵妃吃荔枝一史实,旨在说明什么(　　)

A. 封建统治阶级的奢侈。　　B. 荔枝不便于长途运输。

C. 荔枝不耐贮藏。　　D. 要设法延长贮藏期,以利于长途运输。

10. 《南州六月荔枝丹》的标题出自明朝陈辉《荔枝》诗中的句子,下列对这首律诗的颔联、颈联排列正确的一项是(　　)

　　南州六月荔枝丹,万颗累累簇更团。_____,_____。_____,_____。乌府日长霜暑静,几株斜覆石阑干。

A. 绛雪艳浮红锦烂,玉壶光莹水晶寒。高名以许传新曲,方味曾经荐大官。

B. 高名以许传新曲,方味曾经荐大官。绛雪艳浮红锦烂,玉壶光莹水晶寒。

C. 绛雪艳浮红锦烂,方味曾经荐大官。高名以许传新曲,玉壶光莹水晶寒。

D. 高名以许传新曲,玉壶光莹水晶寒。绛雪艳浮红锦烂,方味曾经荐大官。

11. 填入下面横线上的最恰当的句子是(　　)。

　　冬日的夜晚总是来得很早。我们一家人正准备歇息。我从茅房里出来,忽然看到一个陌生的黑影窜进了院子外的牛房。我惊恐地大叫一声,那贼恐被抓住,穷凶极恶地抄起一把板斧朝我劈来。闻声赶来的母亲扑过去,抱住了那贼的手臂。我安然无恙了,可母亲的胳膊却被砍了两寸长的一条深深的口子。_____。后来我常常想,是什么力量推动瘦弱的母亲去挡那一斧呢?

A. 母亲的衣袖被鲜血打湿,也湿透了我的双眼

B. 我的双眼被鲜血湿透,也打湿了母亲的衣袖

C. 鲜血湿透了我的双眼,也打湿了母亲的衣袖

D. 鲜血打湿了母亲的衣袖,也湿透了我的双眼

二、课文练习

(一)阅读下面的段落,完成1~3题。

　　荔枝呈心脏形、卵圆形或圆形,通常蒂部大,顶端稍小。蒂部周围微微突起,称为果肩;有的一边高,一边低。顶端叫果顶,浑圆或尖圆。两侧从果顶到蒂部有一条沟,叫作缝合线,显隐随品种而不同。旧记载中还有一些稀奇的品种,如细长如指形的"龙牙"、圆小如珠的"珍珠",因为缺少经济价值,现在已经绝种了。

荔枝大小,通常是直径三四厘米,重十多克到二十多克。六十年代,广东调查得知,有鹅蛋荔和丁香大荔,重达四五十克。还有四川合江产的"楠木叶",《四川果树良种图谱》说它重十九克左右,《中国果树栽培学》则说大的重六十克。

　　1. 以上的文字说明的主要内容是什么?

　　2. 第一自然段的说明顺序是什么?

　　3. 上面两段文字使用的说明方法主要有哪些?

　　**(二)阅读下面的段落,回答4～6题。**

　　荔枝不耐贮藏,正如白居易说的:"一日而色变,二日而香变,三日而味变,四五日外,色香味尽去矣。"现经研究证实,温度保持在1℃～5℃,可贮藏三十天左右。还应进一步设法延长贮藏期,以利于长途运输,因为荔枝不耐贮藏,古代宫廷想吃荔枝,就要派人兼程飞骑从南方远送长安或洛阳,给人民造成许多痛苦。唐明皇为了宠幸杨贵妃,就干过这样的事,唐代杜牧诗云:"长安回望绣成堆,山顶千门次第开。一骑红尘妃子笑,无人知是荔枝来。"就是对这件事的嘲讽。

　　4. 这一段主要说明什么内容?

5. 文中所列唐代的两个事例说明了什么?

6. 这段主要采取用了哪些说明方法?

**(三)阅读下面的段落,回答 7~9 题。**

荔枝原产于我国,是我国的特产。海南岛和廉江有野生的荔枝林,可为我国是原产地的明证。据记载,南越王尉佗曾向汉高祖进贡荔枝,足见当时广东已有荔枝。它的栽培历史,就从那个时候算起,也已在二千年以上了。唐代对四川荔枝多有记述。自从蔡襄的《荔枝谱》(1059年)成书以后,福建荔枝也为人所重视。广西和云南也产荔枝,却有少有人说起。

7. 这段文字的主要内容是什么?

8. 哪些证据可以证明"荔枝原产于我国"?

9. 本段最主要的说明方法是什么?

三、课外拓展练习

阅读下面的文章,回答1~4题。

## 人体干细胞

  人类胚胎干细胞是人类胚胎发育早期——囊胚中分化的细胞。囊胚外表是一层扁平细胞,可发育成胚胎的支持组织如胎盘等;中心的腔称为囊胚腔,腔内侧有内细胞群。内细胞群在形成内、中、外三个胚层时开始分化,内胚层分化形成肝、肺和肠等,中胚层分化形成骨骼、血液和肌肉等,外胚层分化形成皮肤、眼睛和神经系统等。由于内细胞群能发育成完整的个体,因而这些细胞被认为具有全能性。

  成人身上也有干细胞,主要分布于骨髓、血液、大脑、胰腺等处,比如骨髓和血液中就有造血干细胞。但是,这些成年干细胞非常稀少,较难分离和纯化。它们的作用基本上是确定的,例如骨髓中的造血干细胞在体内环境下的使命就是分化成各种血液细胞。虽然近年来发现成年干细胞也具有一定的可塑性,例如在体外培养时,可通过改变条件让骨髓干细胞分化成神经细胞,但是目前还未发现成年干细胞能像胚胎干细胞那样具有分化出所有类型细胞的能力。同时,成年干细胞在体外难以扩增,而胚胎干细胞可以在体外扩增达三四百代。因此生物学家们普遍认为胚胎干细胞的研究更有价值。英国生物学家戴利说:"20世纪是药物治疗的时代,21世纪则是细胞治疗的时代。"

  目前,胚胎干细胞研究的一个重点是用来产生神经细胞,以修复受损伤的神经系统。美国霍普金斯大学一个实验室用病毒感染老鼠的脊髓神经,使之瘫痪,然后从人的胚胎组织分离出来干细胞,在体外培养一段时间后,再注射到瘫痪老鼠的脊髓中。三个月后经过治疗的老鼠能蹒跚走路,而未经治疗的老鼠依然故我。解剖结果显示,这些来自人类胚胎的干细胞已经布满了老鼠的脊髓,并具有成熟的神经细胞的特征。胚胎干细胞另一个研究重点是用于产生能分泌胰岛素的胰腺组织,再将这些胰腺组织移植到体内,以根治糖尿病。去年西班牙的研究者就将胰岛素基因转入小鼠的干细胞中,使之具有分泌胰岛素的能力,再将这些干细胞植入患糖尿病的小鼠胰腺中,结果小鼠的糖尿病症状消失了。

  胚胎干细胞还有多种可能的用途。不过,医学界的美梦还需要一段时间才能变成现实。胚胎干细胞分化的组织是否会在人体内无限度地增殖,甚至形成肿瘤,科学家必须小心提防,以免未得其利,先受其害。而分离干细胞必须"杀死"胚胎,这是否属于谋杀,也正在成为媒体和饭桌上争吵不休的话题。

  1. 下列对"人类胚胎干细胞"这一概念的理解,符合文意的一项是(  )
   A. 人类胚胎干细胞即人类胚胎发育早期囊胚外表的扁平细胞和囊胚腔内侧的内细胞群。
   B. 人类胚胎干细胞就是人类胚胎发育早期囊胚腔内侧的内细胞群。
   C. 人类胚胎干细胞是人类囊胚中可发育成胎盘、肝、肺、骨骼、皮肤等的全能性细胞。
   D. 人类胚胎干细胞不仅指人类囊胚中未分化的细胞,也指成人身上的成年干细胞。

2. 文中生物学家认为"胚胎干细胞的研究更有价值",下列不属于生物学家判断依据的一项是(　　)

   A. 成年干细胞主要分布于骨髓、血液、大脑、胰腺等处。

   B. 成年干细胞非常稀少,较难分离和纯化。

   C. 成年干细胞并不具有分化出所有类型细胞的能力。

   D. 成年干细胞在体外难以扩增到三四百代。

3. 下列理解不符合原文意思的一项是(　　)

   A. 造血干细胞和骨髓干细胞都属于成人身上的成年干细胞。

   B. 成年干细胞在体内的分化方向是确定的,在体外培养时,其分化方向则是不确定的。

   C. 所谓"细胞治疗的时代",主要是指利用胚胎干细胞治疗疾病的时代。

   D. 利用胚胎干细胞产生能分泌胰岛素的胰腺组织来治疗糖尿病,已取得初步研究成果。

4. 根据本文提供的信息,下列推断不正确的一项是(　　)

   A. 已经证实,把胰岛素基因转入人类胚胎干细胞可以产生能分泌胰岛素的胰腺组织。

   B. 从人的胚胎组织分离出来的干细胞可以培养成为其他动物的多种组织细胞。

   C. 胚胎干细胞具有无限度增殖的危险,所以目前还没有条件在人体上进行移植。

   D. 胚胎干细胞研究在医学上有令人鼓舞的前景,但在社会伦理上却遇到了很大麻烦。

# 获得教养的途径

## 一、基础训练

1. 下列词语中,字形全部正确的一项是(　　)。
   A. 狭隘　　跋涉　　闲暇　　斑斓　　望洋兴叹
   B. 慰籍　　麻痹　　戕害　　符箓　　广大恢宏
   C. 贮藏　　恪守　　琼浆　　暇想　　息息相关
   D. 天赋　　锦缎　　功夫　　院落　　修养生息

2. 下列句子中加点词语使用有误的一项是(　　)
   A. 对每一部思想家或作家的杰作的深入理解,却都会使你感到满足和幸福——不是因为获得了僵死的知识,而是有了鲜活的意识和理解。
   B. 自由地选择我们个人闲暇时能完全沉溺其中的杰作,领略人类所思、所求的广阔和丰盈,进而在自己与整个人类之间,建立起息息相通的生动联系。
   C. 他们为新学会的字母而骄傲,继而又克服困难,读懂一句诗或一句格言,又读懂第一则故事,第一篇童话。
   D. 每一个真正的读书家都能将现有的宝藏再研究苦读几十年和几百年,并为之欣悦不已,即使世界上不再增加任何一本书。

3. 下列句子中加点的成语使用不恰当的一句是(　　)
   A. 世界文学的辉煌殿堂对每一位有志者都敞开着,谁也不必对它收藏之丰富望洋兴叹,因为问题不在于数量。
   B. 我们发现多数儿童很快就把会阅读当成自然而无足轻重的事,只有少数儿童才年复一年、十年又十年地对学校给予自己的这把金钥匙感到惊讶和痴迷,并不断加以使用。
   C. "经典"应该是与普通民众的素朴之心息息相通的,所谓"润物细无声",也只有以此为基础才得以实现。
   D. 这篇题为《难得糊涂》的杂文,不仅牢骚太盛,而且把早已成了笑料的"格言"奉为经典,实为不刊之论。

4. 下列有关文学常识的解说,不正确的一项是(　　)
   A. 赫尔曼·黑塞(1877—1962年),生于德国,后入瑞士国籍,获1946年诺贝尔文学奖。作品有长篇小说《彼得·卡门青》《荒原狼》等。
   B. 莎士比亚是欧洲文艺复兴时期英国伟大的诗人和戏剧家。其四大悲剧包括《李尔王》《哈姆雷特》《奥赛罗》《威尼斯商人》等。
   C. 世界名著《神曲》《双城记》《基度山伯爵》《静静的顿河》的作者依次是意大利的但丁、英国的狄更斯、法国的大仲马和苏联的肖洛霍夫。
   D. 歌德(1749—1832年),德国诗人、剧作家、思想家。代表作有《少年维特之烦恼》《浮士德》等。

5. 下列各句有语病的一项是(　　)

A. 真正的修养不追求任何具体的目的,一如所有为了自我完善而做出的努力,本身便有意义。
B. 获得真正教养的最重要的途径之一,就是研读世界文学,就是逐渐地熟悉掌握各国的作家和思想家的作品,以及他们在作品中留给我们的思想、经验、象征、幻象和理想的巨大财富。
C. 他的一生中只读过十来本书,却仍然不失为真正的读书人。
D. 我年轻时初读歌德的《亲和力》,是似懂非懂,现在我大约第五次重读它了,它完全成了另一本书!

## 二、课外拓展练习

（一）阅读下面的段落,回答1~3题。

### 书的征服

#### 蒋子龙

会读书的人都懂得征服书,学生们有这样的体会：＿＿＿＿＿＿＿＿＿＿＿＿＿＿＿。这叫吃透了,掌握了,征服了知识。

读其他的书也一样。即使先被书征服,最后还是要反过来把它征服。

书能够给人提供多种选择：生命的选择,思想的选择,生活的选择。书里有各种各样的人生,使我们生活在自己选择的时代里。在自己的生命之外,还可以再补充别的自己所需要的人生,可以拥有多种人生经历。每看一本书就是进入那个作家的头脑之中,了解他的思想、感情、经验和智慧。

读书需要选择。如果不善选择,一生什么事都不干,光读别人的书也读不完。那又有什么意义呢？读——失去了意义,书——也失却了存在的价值。

我的办法是,翻遍所有能接触到的书,因为不亲自翻一翻就不知好坏,难以取舍；然后把那些没有什么价值的书扔掉——这种价值的评定是没有什么统一的唯一的标准的。可根据自己的需要视具体情况而定。一本书就像一根绳子,只有当它跟系着或捆着的东西发生关系时,它才有意义。同是一本书对有的人毫无价值,对另外一个人说不定就有点用处。

1. 联系上下文,说明本文的题目"书的征服"有何特殊含义。

2. 文中说"会读书的人都懂得征服书,学生们有这样的体会",请把你的体会写在文中横线处。




3. "一本书就像一根绳子,只有当它跟系着或捆着的东西发生关系时,它才有意义。"这句话用了什么修辞?有何表达效果?




(二)阅读下面的文章,回答 4～7 题。

### 天晴好读书

王　立

　　年少时不甚更事,不嗜读书。上小学时,常以小聪明而蒙混过关。及至中考,自然不第,好在有父之薄面,得以续念高中。然则依旧怕读文章,终日无所用心,大考小考连续败北,名次庶几倒数。高考之际,虽有憧憬烨然,也只是短暂一瞬,想想而已,终是望洋兴叹耳。

　　因家居小镇,既无缘就业,更无田可耕,闲居时日一长,出入无由,便觉时光难耐。学校时的朋友,已天南海北各自分散,独自一人倍感孑然,尤其在雨后黄昏,亦或是云淡风轻寥廓之夜,凭栏索寂,方思读书时光是那么难得,那么美好,那么难忘。

　　踯躅于人生歧路,徒然四顾,何去何从,茫茫然不知所以。

　　痛定思痛,痛何如哉?

　　我开始把所学之书全都收集起来,负箧曳屣,远寻师学。苦于研读,字斟句酌,以求甚解,通宵达旦,不舍昼夜。苍天不负人。三易寒暑之后,大学的校门终于向我敞开了。

　　如今细细咀嚼,品味出彼时我之读书,是出于求取名份,出于功利目的,是因为无奈才读书。

　　念大学,读国文,走进偌大的图书馆,才知道天下读不完的是书。这时读书,已由无奈转而为兴趣所致。读爱读之书,用以陶冶心性,砥砺品格,体会人生滋味,并由此而益慕圣贤之道。夜深人静,万籁俱寂,燃烛于床前,与书中之人同泣同喜;为其多舛之命运所牵所挂;为先贤们透辟之论述所折服,所醒悟;为风云人物亦胜亦败而喝。"学而不思则罔,思而不学则殆。"读书,又让我学会了感悟,并把感悟所得记述下来,久而久之,亦成文章。流辈得观后,甚称其贤,我亦自得其乐。既然读书有乐,又何乐而不为呢?从此,亦读亦写,拙笔不辍。

　　读书中,四个春秋倏然而逝。不期卒业将至,我之读书拙笔,终为所用,分配之际,作为佼佼者留校执教。后因两地之故,遂返原籍工作。所幸的是,所从事职业与文字有缘。然而,书还是难读了。工作之繁忙,应酬之不暇,读书之时已是微乎其微了。但读书毕竟作为一种修身养性之习惯延续于今。

读书,但不可囿于书。学而不厌其精。然则,只能择其善者而从之,其不善者而改之。读万卷书,行千里路,说的便是如此。尽管圣贤说,不读诗无以言。但谁也不能照着书本去说话,去干事业。关键在于学以致用,学而无用的东西,还是不学为好。否则,只能越读越呆,反坏了读书人的名号。当然,文无定法,读书亦无定法。如同有人愿意走阳关大道,有人则愿意走独木小桥,条条大路皆通京城,不可夺人之爱也!

读书还需毅力。清人彭端淑曾著《为学》以端读书之风,其理至今不废。人之立志,顾不如蜀鄙之僧哉!

王安石说,非常之观,常在于险远,而人之所罕至焉,故非有志者不能至也。

(选自 2006 年 8 月 6 日《吉林日报》有删改)

4. 作者开篇不厌其烦地叙写自己考学上的失败,有何作用?

5. 作者为了证明自己的观点——天晴好读书,是从哪些方面加以论述的?

6. "读书,但不可囿于书"有何含义?

7. 结尾引用王安石的名句,起何作用?

# 像山那样思考

一、基础训练

1. 下列加点字注音有误的一项是(　　)。
    A. 嗥(háo)叫　　驯(xùn)服　　悚(sǒng)然
    B. 嬉戏(xī xì)　　蠕(rú)动　　跋涉(bá shè)
    C. 饿殍(fú)　　艾蒿(ài hāo)　　陡峭(dǒu qiào)
    D. 嘶鸣(sī míng)　　蜿蜒(wān yán)　　迸(bèng)发

2. 下列词语中有错别字的一项是(　　)。
    A. 山崖　　荡漾　　蔑视　　坏兆头
    B. 拾遗　　辨别　　蜿蜒　　喜气洋洋
    C. 蠕动　　饿殍　　艾蒿　　无动于衷
    D. 尘暴　　隐藏　　内涵　　毛骨悚然

3. 依次填入下列各句横线上的词语,最恰当的一项是(　　)。
    ① 对郊狼来说,是就要来临的拾遗的_____。
    ② 那些不能_____,其隐藏的含义的人也都知道这声呼唤的存在。
    ③ 这也是狼的嗥叫中隐藏的_____。
    A. 允诺　　辨认　　内含　　B. 允许　　辨别　　内含
    C. 允诺　　辨别　　内涵　　D. 允许　　辨认　　内涵

4. 下列各句中加点的词语中使用不正确的一项是(　　)
    A. 它使那些在夜里听到狼叫,白天去察看狼的足迹的人毛骨悚然。
    B. 另外还有六只显然是正在发育的小狼也从柳树丛中跑了出来,它们喜气洋洋地摇着尾巴,嬉戏着搅在一起。
    C. 当我们的来复枪膛空了时,那只狼已经倒了下来,一只小狼正拖着一条腿,进入到那无动于衷的静静的岩石中去。
    D. 近几年,黄河、岷江的部分河段多次出现枯水现象,面对这种江河日下的情况,人们开始冷静地思考环保问题。

5. 下列各句中标点符号使用不正确的一项是(　　)
    A. 这是一种不驯服的、对抗性的悲哀,和对世界上一切苦难的蔑视情感的迸发。
    B. 每一种活着的东西,(大概还有很多死了的东西)都会留意这声呼唤。
    C. 我们看见一只雌鹿——当时我们是这样认为——正在涉过这条急流,它的胸部淹没在白色的水中。
    D. 在一秒钟之内,我们就把枪弹上了膛,而且兴奋的程度高于准确:怎样往一个陡峭的山坡下瞄准,总是不大清楚的。

6. 下列各句中有语病的一句是(　　)
    A. 只有这座山,从而能够客观地听取一只狼的嗥叫。

B. 但是,在看到这垂死时的绿光时,我感到,无论是狼,或者是山,都不会同意这种观点。
C. 它们确确实实是一群就在我们的峭壁之下的空地上蠕动和互相碰撞着的狼。
D. 正因为如此,我们才有了尘暴,河水把未来冲刷到大海去。

## 二、课文练习

**阅读下面的段落,回答1~6题。**

一声深沉的、骄傲的嗥叫,从一个山崖回响到另一个山崖,回响在山谷中,渐渐地消失在漆黑的夜色里。这是一种不驯服的、对抗性的悲鸣,是对世界上一切苦难的蔑视情感的迸发。

每一种活着的东西(大概还有很多死了的东西),都会留意这声呼唤。对鹿来说,___①___;对松林来说,___②___;对郊狼来说,___③___;对牧牛人来说,___④___;对猎人来说,___⑤___。然而,在这些明显而迫近的希望和恐惧之后,还隐藏着更加深刻的含义,这个含义只有这座山自己才知道。只有山长久地存在着,从而能够客观地聆听狼的嗥叫。

不过,那些不能辨别其隐藏的含义的人也都知道这声呼唤的存在,因为在所有有狼的地区都能感到它,而且,正是它把有狼的地方与其他地方区别开来的。它使那些在夜里听到狼叫,白天去察看狼的足迹的人毛骨悚然。即使看不到狼的踪迹,也听不到狼的声音,它也暗含在许多小小的事件中:深夜里一匹驮马的嘶鸣,滚动的岩石的嘎啦声,逃跑的鹿的砰砰声,道路上云杉的阴影。只有不堪教育的初学者才感觉不到狼是否存在,认识不到山对狼怀有一种秘密。

1. 请把以下短语填写到第2段的横线上。
   A. 它是半夜里在雪地上混战和流血的预言　　B. 是银行里赤字的坏兆头
   C. 是狼牙抵制弹丸的挑战　　D. 是就要来临的拾遗的允诺
   E. 它是死亡的警告
   ①处应填_____;②处应填_____;
   ③处应填_____;④处应填_____;
   ⑤处应填_____。

2. 课文为什么以"一声狼嗥"开头?这样写有什么好处?体现了作者怎样的意识?

3. 文章从哪些方面来记述对这一声狼嗥的反应?这些反应点出"狼嗥"的什么含义?

4. 狼的消失对自然、对人类的生存现状和未来发展分别意味着什么？
对自然：


对人类生存现状和未来发展：


5. 体会下列语句的含义。
① 这是一种不驯服的、对抗性的悲哀，和对世界上一切苦难的蔑视情感的迸发。




② 然而，在这些明显的、直接的希望和恐惧之后，还隐藏着更加深刻的含义，这个含义只有这座山自己才知道。




③ 只有这座山长久地存在着，从而能够客观地去听取一只狼的嗥叫。




6. 课文结尾说"这个世界的启示在荒野。大概，这也是狼的嗥叫中隐藏的内涵，它已被群山所理解，却还极少为人类所领悟"，说说你的理解。

三、课外拓展练习

阅读下面文章,回答1～5题。

## 烧炭工和绅士

亚米契斯

① 诺比斯的父亲是当地有钱的绅士,因此诺比斯便趾高气扬,目中无人。他父亲身材魁梧,蓄着浓密的黑胡子,表情十分严肃,几乎每天送儿子上学,接儿子放学。昨天上午,诺比斯跟班里最小的一个孩子——烧炭工的儿子倍梯吵架。诺比斯自知理亏,无法辩解,就冲着倍梯气急败坏地说:"你父亲是个乞丐!"倍梯委屈得要命,顿时面红耳赤,默不作声,热泪夺眶而出,回到家里,便把事情一五一十地告诉了父亲。

② 午饭过后,全身黑乎乎、个子矮小的烧炭工领着孩子来到学校,向老师抱怨。大家都不吱声,只是静悄悄地、全神贯注地听着。跟往常一样,诺比斯的父亲正在门口给儿子脱外衣,他听到有人叫自己的名字,便走进教室,问是怎么回事。

③ "是这位先生在抱怨您儿子。您儿子对他儿子说:'你父亲是个乞丐!'"老师回答。

④ 诺比斯的父亲听后,皱皱眉头,羞愧得有点儿脸红,于是询问儿子:"你说那句话了吗?"诺比斯站在教室中间,当着倍梯的面,低着头不言不语。父亲紧紧抓着儿子的胳膊,把他拉到倍梯的面前说:"快道声对不起。"

⑤ 烧炭工以和事佬的口吻连声说:"算了吧,算了吧。"

⑥ 可绅士不理睬他,依然谆谆劝导儿子说:"照我的话这样说:'我说了愚昧无知的话,侮辱了你的父亲,请你原谅。如果我的父亲能紧握你父亲的手,那将是非常荣幸的!'"

⑦ 烧炭工做了个果断的手势,好像在说:"我不愿意。"绅士不听他的话,逼儿子照他说的办。他的儿子头也不抬,轻声细气而断断续续地说:"我说了——愚昧无知的话,侮辱了——你的——父亲,请——你原谅。如果我父亲——能紧握你——父亲的手,那——那将是非常——荣幸的!"

⑧ 绅士向烧炭工伸过手,烧炭工用力紧握着。然后,烧炭工推了儿子一把,儿子心领神会,扑到诺比斯怀里,两人紧紧拥抱。

⑨ "老师,请您帮个忙,让他俩坐在一起好吗?"绅士问老师。于是,老师把倍梯安排到诺比斯旁边坐下。待他俩坐好后,诺比斯的父亲打了个招呼告辞了。

⑩ 烧炭工若有所思地站了片刻,全神贯注地凝视着靠近坐好的两个孩子,然后,来到课桌前,带着爱怜和歉意的表情端详着诺比斯,仿佛想说些什么,可什么也没说出来。他伸手想慈爱地跟他亲热一下,似乎又没有这个胆量,只是用他那粗大的手指轻轻地碰了一下诺比斯的额头。他走到教室门口,回头瞥了诺比斯一眼,才迈着慢慢的步子走开了。

⑪ "孩子们,你们要牢牢记住今天看到的事情。"老师语重心长地说,"这是本学年最精彩的一课了!"

(选自《爱的教育》,略有改动)

1. 请你用简洁的语言概括这篇小说的主要情节。

2. 结合上下文,品析下列词句的含义,指出其表达效果。
① 诺比斯的父亲听后,皱皱眉头,羞愧得有点儿脸红。




② 绅士向烧炭工伸过手,烧炭工用力紧握着。




3. 第⑩段中说"(烧炭工)仿佛想说些什么,可什么也没说出来"。请揣摩烧炭工当时的心理活动,用第一人称把它表述出来。




4. 结合全文,分析文中绅士的形象。




5. 小说的结尾,老师语重心长地说:"这是本学年最精彩的一课了!"你认为"精彩"在哪里?

# 沙漠里的奇怪现象

## 一、基础训练

1. 给下列字词注音。
   戳穿(    )　　玄奘(    )　　蜃楼(    )　　戈壁(    )
   酷热(    )　　蔚蓝(    )　　万顷(    )　　倒映(    )

2. 辨形组词。
   燥　　　　　磨　　　　　戈　　　　　蔚
   躁　　　　　摩　　　　　弋　　　　　慰

3. 填写短语。
   单枪(　)马　　光怪(　)离　　汪洋万(　)
   空中楼(　)　　可望而不可(　)　　海市(　)楼

4. 写出描写沙漠的三句古诗。
   ①
   ②
   ③

5. 下列句子表达妥当的一项是(　　)
   A. 男男女女便在鸣沙山上聚会,然后顺着山坡纷纷滚落下来。
   B. 中国科学院的工作人员已经好几次横渡新疆塔克拉玛干大戈壁。
   C. 沙漠里边虽然光线会作怪,声音也会作怪。
   D. 这样由于光线折光和反射的影响,人们产生了错觉。

6. 依次填入下面一段文字括号中的关联词语,恰当的是(　　)。
   (　)要我感谢什么人,(　)只能感谢一次,(　)我想把这一次感谢奉献给那些为人类创造出美妙音乐的人们,(　)没有音乐,我们的生活将变得多么沉闷可怕。
   A. 无论　　因为　　所以　　但是
   B. 如果　　而且　　那么　　假如
   C. 如果　　那么　　而且　　因为
   D. 假如　　然而　　那么　　由于

7. "大漠孤烟直,长河落日圆"是描写沙漠的名句,请你根据自己的理解,把这句诗扩展成一段写景的话。(不超过100字)

8. 文中提到《西游记》中的人物，请你选取一个人物，说说这个人物的性格，并举例证明。

## 二、课文练习

**阅读下的面段落，回答 1~5 题。**

在沙漠里不但光线会作怪，声音也会作怪。玄奘相信这是魔鬼在迷人，直到如今，住在沙漠中的人们还有相信的。群众把会发出声音的沙地称为"鸣沙"。现在宁夏回族自治区中卫市坡头区靠黄河有一个地方名叫鸣沙山，即沙坡头地方，科学院和铁道部等机关在这里设有治沙站。站的后面便是腾格里沙漠。沙漠在此处已紧逼黄河河岸，沙高约一百米，沙坡面南坐北，中呈凹形，有很多泉水涌出，这块沙地向来是人们崇拜的对象。据说，每逢农历端阳节，男男女女便在鸣沙山上聚会，然后纷纷顺着山坡翻滚下来。这时候沙便发出轰隆的巨响，像打雷一样。两年前我和五六个同志曾经走到这鸣沙山顶上慢慢滚下来，果然听到隆隆之声，好像远处汽车在行走似的。据一些专家的意见，只要沙漠面部的沙子是细沙而干燥，含有大量石英，被太阳晒得火热后，经风的吹拂或人马的走动，沙粒移动摩擦起来，便会发出声音，这便是鸣沙。古人说："见怪不怪，其怪自败。"沙漠里的一切怪异现象，其实都是可以用科学道理来说明的。

1. "见怪不怪，其怪自败"这句话的意思是＿＿＿＿＿＿＿＿＿＿＿＿＿＿＿＿＿，运用的说明方法是＿＿＿＿＿＿＿＿＿＿＿＿＿＿＿＿。

2. 一切怪异现象，其实都是可以用科学道理来说明的。请你举出生活中的一个例子来证明这句话。（要求现象和道理都说清楚）

3. 这段文字说明了沙漠里的什么怪异现象？产生这一现象的条件有哪四个？

4. 这段文字是按什么顺序说明沙漠里的这个怪异现象的？

5. 从这段文字的说明对象看，这篇文章属于哪种类型的说明文？说说这种文体的特点。

三、课外扩展练习

（一）阅读下的面段落，回答1～5题。

　　森林是人类的朋友，尤其是维护生态环境方面更是功劳卓著。森林涵养水源，保持水土，防止水旱灾害的作用非常大。据专家测算，一片10万亩面积的森林，相当于一个200万立方米的水库，这正如农谚所说的："山上多栽树，等于修水库，雨多它能吞，雨少它能吐。"森林因这种特殊的"吞吐"功能而被科学家称之为"吞水吐雨器"。它用另一种"能吞能吐"的特殊功能孕育了人类。因为地球在形成之初，大气中的二氧化碳含量很高，氧气很少，气温也高，生物是难以生存的，大约在4亿年以前，海里的先进植物登陆，陆地才产生了森林，森林慢慢将大气中的二氧化碳吸收，同时吐出新鲜氧气，调节气温，这才具备了人类生存的条件，地球上才最终有了人类。所以科学家又称森林是"吞碳吐氧机"。

　　森林，是地球生态系统的主体，是大自然的总调度室，是地球的绿色之肺。森林维护地球生态环境的这种"能吞能吐"的特殊功能是其他任何物体都不能取代的。因此，我们必须高度重视植树造林，并且保护好森林。目前，值得我们每个人关注的是地球的绿色之肺在日益萎缩，近200年间，地球上的森林已有三分之一以上被采伐和毁掉。而另一方面，由于地球上的燃烧物增多，二氧化碳的排放量在急剧增加，此消彼长，使得地球生态环境急剧恶化，主要表现为全球气候变暖。全球气候变暖对人类的生产和生活有着巨大的影响，甚至威胁人类生存，因为全球气候变暖，水分蒸发加快，改变了气流的循环，使气候变化加剧，从而引发热浪、飓风、暴雨、洪涝及干旱。为了使地球的这个"能吞能吐"的绿色之肺恢复健壮，以改善生态环境，抑制全球变暖，减少水旱等自然灾害。我们应该大力植树造林，使每一座荒山都绿起来。

1. 阅读全文，简洁地回答森林的两大功劳。
　　① 吞水吐雨器：

② 吞碳吐氧机：

2. 阅读第三段，概括说明"地球的绿色之肺在日益萎缩"的两个原因。

3. 将"森林"说成"地球的绿色之肺"，这是使用了打比方的说明方法，其作用如下：

4. 加点词"近 200 年间"强调了_____，
"三分之一以上"强调了_____。

5. 森林遭到破坏后，地球的生态环境急剧恶化。除了文中介绍的全球性气候变暖外，还有哪些方面的恶化？请举出两例。

(二) 阅读下的面段落，回答 6～11 题。

① 今年入春以来，我国北方地区多次遭受沙尘暴袭击；南方有些城市出现泥雨天气。几十年来，我们投入那么多的人力、物力、财力，植树种草，防沙治沙，为何沙尘暴和沙漠化愈演愈烈？

② 由于人口增加和短期利益驱动，西北的许多地方在不具备条件又无防护措施的情况下，无计划、无节制地进行开垦，导致土地沙漠化。目前，我国大部分草场放牧大大超过了其承载能力，荒漠化地区草场牲畜超承载率为 50%～120%，有的地方甚至高达 300%。超载放牧使草场大面积退化、沙化，昔日"风吹草低见牛羊"的地方变成了"老鼠跑过见脊梁"的荒漠化地带。另一方面，荒漠化防治资金严重不足，建设力度不够。防治沙漠化的经费相对于广袤沙源地而言，只是_____。

③ 现在，国家林业局计划采用三项重要措施来遏制沙化土地扩展，使"沙进人退"的局面能得到根本性的改变。

④ 第一项措施是,在我国沙化严重推进地带开展大规划的防沙治沙工程。第二项措施是依法治沙。第三项措施是建立起荒漠化动态变化的监测预警体系。

⑤ 令人欣慰的是,防沙治沙已经成为政府高度重视的一个问题。

6. 第②自然段的横线上,应填入的一个成语是(　　)。
   A. 坐以待毙　　B. 杯水车薪　　C. 纸上谈兵　　D. 束手无策
7. 由于生态环境遭受破坏,今年春季,我国的天气出现了哪些异常现象?




8. 归纳出沙尘暴和土地沙漠化产生并愈演愈烈的原因。




9. 文章可分为三部分,正确的划分结果是(　　)。
   A. ①‖②③‖④⑤　　B. ①②‖③‖④⑤
   C. ①‖②③④‖⑤　　D. ①‖②‖③④⑤
10. 文章主要表现了作者_____和_____的心情。
11. 写出文中采用的说明方法。(至少写出两种)

# 读《伊索寓言》

## 一、基础训练

1. 下列加点字的注音完全正确的一组是（　　）。
   A. 嫉妒(jì)　　高超(chāo)　　狂吠(fèi)　　衣锦还乡(jǐng)
   B. 怜悯(mǐn)　　笨坯(pī)　　信而好古(hào)　　坐井观天(guān)
   C. 厌恨(yàn)　　阅历(yuè)　　恼羞成怒(lǎo)　　卖弄风雅(mài)
   D. 衰朽(xiǔ)　　发迹(jì)　　苟延残喘(cuǎn)　　情随事迁(suí)

2. 依次填入下列横线上的词语,正确的一组是（　　）。
   (1) 所以我们看了《伊索寓言》,也觉得有好多＿＿＿＿＿＿的见解,非加以纠正不可。
   (2) 这个寓言也不就此结束,这只乌鸦借来的羽毛全给人家拔去,现了＿＿＿＿＿＿,恼羞成怒……
   (3) 我们＿＿＿＿＿＿古代不一定是尊敬祖先,也许只是喜欢小孩子,并非为敬老,也许是卖老。
   A. 浅薄　　原型　　思慕　　B. 浅薄　　原形　　思慕
   C. 淡薄　　原形　　仰慕　　D. 淡薄　　原型　　仰慕

3. 对下面一句话的含义,理解正确的一项是（　　）
   　　我认为寓言要不得,因为它把纯朴的小孩子教得愈简单了,愈幼稚了,以为人事里是非的分别、善恶的果报,也像在禽兽中间一样公平清楚,长大了就处处碰壁上当。
   A. 人世间是非不分,行善常得恶报,恶人常享善果,一切既不清楚也不公平。
   B. 有些人总是处处碰壁,就是因为读了寓言,把人事看得太简单了。
   C. 人心险恶,社会复杂,心地善良的人步入社会以后必然会处处碰壁。
   D. 生活在现代社会,要避免碰壁上当,头脑就不能那么简单幼稚,人事是复杂的,我们的头脑也要复杂一点,这样才有清醒的认识,才有适当的对策。

4. 一些简单的笑话往往富有生活的哲理,请依照下面的例子完成题目。

### 欠　着

乞丐:"能不能给我一百块钱?"
路人:"我只有八十块。"
乞丐:"那你就先欠着我二十块钱吧。"
哲理:有的人总觉得别人欠他,给他的永远不够多,不够好,贪欲取代了感恩之心。

### 原来如此

甲:"新搬来的邻居好可恶,昨天晚上三更半夜突然跑来猛按我家的门铃。"
乙:"的确可恶! 你有没有马上报警?"

甲:"没有。我当他们是疯子,继续吹我的小喇叭。"

哲理:_____

## 二、课外拓展练习

**阅读下面的文章,完成1～3题。**

在儒家的传统中,孔孟总是形影相随的。孔曰"成仁",孟曰"取义",他们的宗旨也始终相配合。但是仔细比较他们,却也发现很多不同的地方。

最明显的,《论语》中所叙述的孔子,有一种轻松愉快的感觉,不像孟子凡事紧张,所以孔子能够以"君子坦荡荡"的风格去保持他的悠闲;与这种态度截然相对的是孟子"生于忧患,死于安乐"的主张。孔子还说这样不吃那样不吃,衣服也要色彩裁剪都合适;孟子却毫不忌讳地提出"庖有肥肉,厩有肥马,民有饥色,野有饿莩"。

孔子没有直接地提到人之性善或性恶,但是他既说出虽为圣贤仍要经常警惕才能防范不仁的话,可见他认为性恶来自先天;他又说"观过,斯知仁矣",好像这纠正错误、促使自己为善的能力,也要由内外观察而产生。孟子则没有这样犹疑。他斩钉截铁地说:"人性之善也,犹水之就下也;人无有不善,水无有不下。"孔子自己承认,他一生学习,到70岁才能随心所欲不逾矩;孟子的自信,则可以由他自己所说的"我善养吾浩然之气"的话里看出,这种道德力量,经他解释,是纯系内在的,由自我产生的。

孔子对"礼"非常尊重。颜渊是孔子的得意门徒,他死时孔子痛哭流涕,然而孔子却根据"礼"的原则反对厚葬颜渊;又因为"礼"的需要,孔子见南子,使子路感到很不高兴。孟子就没有这样的耐性。齐宣王称病,他也称病;鲁平公没有来拜访他,他也不去见鲁平公;他对各国国君的赠仪,或受或不受,全出己意。

这中间的不同,不能说与孔孟二人的个性无关。或许《论语》与《孟子》两部书的取材记载不同,也是有一定影响的。孔子和孟子相去约两百年,时局已有很大变化。

春秋时代的战事,显示了社会的不稳定性;但战事本身,却不足以造成社会的全面性动荡。孔子对当日情形,还没有完全失望。他的娴雅代表着当时的社会,相对于战国的暴乱而言,还相当宁静,所以他仍提倡"克己复礼",显然认为过去的社会秩序仍可以恢复,表现出一腔复古的热忱。

孟子被称为有"革命性",这是因为战国时代的动乱已经大大超过春秋时期竞技式的战争,这使他知道,只是恢复故态而不改弦更张是无济于事的。齐宣王问他贵戚之卿的本分,他说:"君有大过则谏,反复之而不听则易位。"也就是容许废君而另立族中贤人。这已经不是孔子所说的"非礼勿视,非礼勿听,非礼勿言,非礼勿动"的严格规矩了。

宋朝以后,《孟子》既为各朝经筵讲解之用,也为科举取士的标准,对中国思想史有巨大的影响。他的性善论必定带着一种强迫性的推论,因人既生性为善,那么强迫人们保持这种天性也不算过分了。他的低水准平等思想——例如"乐岁终身饱,凶年免于死亡",以及"省刑罚,薄税敛",在一个简单的农业社会里,被奉作经典,同时也符合事实的需要。

(节选自《赫逊河畔谈中国历史》,有删改)

1. 下列各项中关于孔孟不同之处的叙述,正确的一项是(　　)
   A. 孔子给人"君子坦荡荡"的轻松愉快的悠闲感;而孟子则提出"生于忧患,死于安乐"的主张,给人忧虑不安的紧张感。
   B. 孔子没有直接提出人之性善或性恶,但可以间接地看出他认为人性本恶;而孟子则坚定地认为人性本善,认为"人性之善也,犹水之就下也"。
   C. 孔子非常尊重"礼","礼"大于"情",循"礼"而行事;孟子却不然,行事完全不遵循"礼",全凭自己的意愿。
   D. 孔子提倡"克己复礼",认为旧的社会秩序可以恢复,希望复古;而孟子却更有"革命性",认为必须改弦更张,废君而另立族中贤人。

2. 下列各项中不属于孔孟有"很多不同"的原因的一项是(　　)
   A. 可能与两个人的个性不同有一定的关系。
   B. 《论语》和《孟子》两部书取材记载不同。
   C. 两人所处的时代不同,时局有很大的差异。
   D. 两人对"礼"的遵循不同,孟子超出了"礼"的严格规矩。

3. 下列表述符合原文意思的一项是(　　)
   A. 孔子在衣食方面还有所挑拣,但孟子提出的"庖有肥肉,厩有肥马,民有饥色,野有饿莩"却更具有平等思想,虽然这种平等思想和孔子相比是属于低水准的。
   B. 孔子认为要实现"仁",既要靠学习和自我约束,又要靠由内外观察而产生的纠正错误并促使自己行善的能力;但是孟子却认为道德纯粹是由自我产生的。
   C. 春秋时期的战争是属于竞技性的,虽然也造成了社会的不稳定,但这种不稳定是可以平息的;而战国时期的战争则是剧烈的,给社会造成了全面性的动荡。
   D. 自宋朝以后,《孟子》就取代了《论语》,为各朝经筵讲解之用并成为科举取士的标准,从此以后,对中国的思想史产生了巨大的影响。

# 宇宙的边疆

## 一、基础训练

1. 下列加点的词语音、义全正确的一项是( )
   A. 人才济济(jǐ jǐ):形容有才能的人很多。
      好大喜功(hǎo):指不管条件是否许可,一心想做大事,立大功。
   B. 颤栗(chàn):战栗,颤抖。
      广袤(mào):广阔,宽广。
   C. 荒芜(wú):(田地)因无人管理而长满野草。
      无垠(yín):辽阔无边。
   D. 召唤(zhāo):叫人来(多用于抽象方面)。
      徘徊(pái huái):在一个地方来回地走。

2. 下列词语中没有错别字的一项是( )。
   A. 别出心裁  映入眼帘  赞叹不已  如烟似雾
   B. 明察秋毫  晕旋颤栗  轻而易举  瞬息万变
   C. 瞻养父母  归根结底  晶莹透明  模棱两可
   D. 推陈出新  疏疏朗朗  因地制宜  臭名召著

3. 在下列横线上填上恰当的关联词语,正确的一项是( )。
   我们印象最深刻的是,恒星_____在两个旋臂之间,_____像流水一样漂浮在我们的四周——气势磅礴的自身发光的星球,有些_____像肥皂泡一样脆弱,_____又大得可以容得下1万个太阳或1万亿个地球。
   A. 即使  也  虽然  却     B. 即便  也  虽然  但
   C. 即使  也  尽管  却     D. 即便  还  尽管  但

4. 下列几句分别运用了一些说明方法,对应正确的一项是( )。
   ① 梦想你们也在设计其他的异想天开的技术,例如物质——反物质发动机(一种能将在空间广泛分布的氢原子聚集和集中起来用作核燃料的新发明)。
   ② 我们现在所用的化学推进火箭不能提供完成远程飞行所需的推力。
   ③ 光年是光在真空中传播一年的距离,约为5.9万亿英里。
   ④ 岩石从高层建筑物上落下时,1秒钟后速度达到32英尺每秒,2秒钟后为64英尺每秒,3秒钟后为96英尺每秒,依此类推每秒钟增加32英尺。
   A. 举例子  作比较  列数字  分类别
   B. 举例子  作比较  下定义  列数字
   C. 下定义  分类别  列数字  作比较
   D. 下定义  分类别  作比较  列数字

5. 对下列名词术语解说不正确的一项是( )
   A. 创世大爆炸是指我们能看到宇宙开始出现的约为150亿光年之遥的外缘的时间。

B. 时间旅行是一种科学幻想活动,指人离开现在而置身于未来和过去。
C. 并非只有时钟减慢,化学反应和生物过程也减慢的现象叫时间膨胀。
D. 太阳风是指太阳发出的高能、高速带电粒子流。

## 二、课外拓展练习

(一)阅读下面的段落,回答1~3题。

天文学家发现迄今为止宇宙中离地球最远的星系。

据英国《每日电讯报》报道,这个星系名叫8Cl433+63,距地球大约150亿光年,是天文学家利用设置在夏威夷群岛莫纳克亚天文台的凯克望远镜发现的。

这个星系的光信号要经历150亿光年才能到达地球,所需时间是地球年龄的3倍,从而否定了根据宇宙膨胀情况而对宇宙年龄做出的估算,宇宙只有120亿光年,或甚至更小的年纪。在此之前,天文学家发现的最远的星系距离地球120亿光年是1991年发现的。值得注意的是,这个新发现的星系似乎包含了一些恒星,这些恒星在其光信号到达我们地球时,就已经年迈了。美国加利福尼亚大学的海隆·斯客拉德教授日前对英国《每日电讯报》的记者说,这个新发现的星系已经充分形成这一事实表明,宇宙的年龄有可能还要大于150亿光年。

这一结果与对靠近我们地球的一些恒星的年龄的估算相符。天文学家估算离我们地球最近的一些恒星的年龄至少有160亿光年。

1. 第四段中的"最近"一词所指的时间是(    )。
   A. 1991年后          B. 1991年之前
   C. 1991年至1995年初  D. 与发现8Cl443+63星系几乎同时
2. 不能成为"宇宙的年龄有可能还要大于150亿光年"这一推论的依据的是(    )
   A. 这个新发现的星系的光信号要经历150亿光年才能到达地球。
   B. 这个新发现的星系的信号到达地球所需的时间是地球年龄的3倍。
   C. 最近根据宇宙膨胀情况而对宇宙年龄做出的估算是错误的。
   D. 天文学家估计离我们地球最近的一些恒星的年龄至少有160亿光年。
3. 海隆·斯客拉德教授说:"宇宙的年龄有可能还要大于150亿光年"的根据是(    )
   A. 这个新发现的星系的光信号要经历150亿光年才能到达地球。
   B. 这个新发现的星系包含一些恒星。
   C. 这个新发现否定了最近根据宇宙膨胀情况而对宇宙年龄做出的估算。
   D. 第四段中"在此之前"的"此"是指代"根据宇宙膨胀情况而对宇宙年龄做出的估算"。

(二)阅读下面的文章,完成4~7题。

### 太空行走

在地球上,行走是指用双腿克服地球引力,轮流迈步,从一处地面走向另一处地面。但在太空轨道飞行的失重环境中,失重将行走的概念完全搞乱了。在航天器密封座舱中行走,只要用脚、手或身体任何部位触一下舱壁或任何固定的物体,借助反作用力,就可以飘飞到任何想去的地方。座舱里充满空气,划动四肢也可前进,因此行走范围是立体的。

随着航天事业的发展,有大量工作需要航天员走出密封座舱,这是一件非常困难的事。太空是高真空、强辐射和极端温度环境,还有微流星体伤害,必须身着舱外活动航天服以保证生命安全,但也不能立即走出密封座舱,因为还要吸纯氧排氮。由于氧气助燃,容易引起火灾,所以密封座舱中一般不用纯氧,而以氧、氮为主的混合气体。这样,航天员体内便存在大量的氮。这些氮不像氧和二氧化碳那样会与血红蛋白和缓冲物质起化学作用,而是物理地溶解在血液和脂肪组织中。目前,密封座舱中一般采用与地面相同的 1 个大气压,即 760 毫米汞柱,而舱外活动航天服一般采用 210 毫米汞柱压力。这样,穿上航天服后,体外压力降低,溶解在脂肪组织中的氮便游离出来。由于脂肪组织中的血液供应较差,流动量不大,不能将氮气迅速地通过血液带到肺部排出,因而会在血管内外形成气泡,堵塞血管,形成气胸,这就是减压病。为了防止减压病,必须在出舱前吸纯氧,使体内的氮气逐渐排出。吸纯氧的时间长短,根据密封座舱中氮的含量多少而定。若氮气与地面大气中的比例相同,即占 78.09%,则需要吸纯氧 3 小时。如果将舱外活动航天服的压力提高到 380 毫米汞柱以上,穿着它出舱行走,也不会产生减压病,但制造这种舱外活动航天服,不仅材料、工艺等方面的要求更高,而且会增加穿着后活动的困难。

在太空中,八面无着,双脚无用武之地,必须靠太空机动器来移动身体的位置。目前用的是喷气设备。安放在舱外活动航天服背部,叫喷气背包,通过三个自由度六个方向上的喷嘴喷气,以达到向任何方向运动的目的。另外,太空真空环境中没有空气传播声音,因此,在太空行走时,必须靠航天服背部的无线电通信背包与同事联系。困难还不止这些,比如,太空里没有任何参照物,人容易迷失方向,失去远近感。

当然,太空行走不仅仅是在太空轨道飞行时的行走,还有在其他天体上的行走。比如在月球上行走。登月航天员的经验告诉我们,由于月面没有空气,因而没有空气阻力,加上重力只有地球重力的 1/6,如果像在地球上那样双脚轮流迈步,走起来会轻飘飘的,一蹬脚身体就会弹得老高,一步能跨出老远,感觉很别扭,还不如像袋鼠一样双脚并齐,向前蹦跳感到舒适。假如到木星那样巨大的行星上去,其比地球大 300 多倍的质量所产生的重力及其厚密的大气,将会使人动弹不得。

4. 下列对"太空行走"的理解,准确的一项是(　　)
   A. 航天员在航天器密封舱失重环境中行走,其范围是立体的,可以飘飞到任何地方。
   B. 航天员在密封座舱外高真空、强辐射和极端温度环境中行走,靠太空机动器来移动身体。
   C. 航天员在重力和大气环境与地球的重力和大气环境悬殊的月球、木星等其他天体上行走。
   D. 航天员在太空轨道飞行的失重环境中和在重力、大气环境与地球悬殊的其他天体上行走。
5. 下列对防止减压病的方法的表述,不符合原文意思的一项是(　　)
   A. 吸纯氧排氮或者提高舱外活动航天服的压力。

B. 吸纯氧排氮并且将舱外活动航天服的压力提高到380毫米汞柱以上。

C. 如果舱内氮气的含量与地面大气中的比例相同,则需要吸3小时纯氧。

D. 将舱外活动航天服的压力提高到380毫米汞柱以上。

6. "随着航天事业的发展,有大量工作需要航天员走出密封座舱,这是一件非常困难的事。"下列对这句话的理解,不正确的一项是(　　)

A. 缺乏传播声音的空气,须借助无线电背包与同事联系。

B. 没有任何参照物,不易确定正确的方向。

C. 没有空气阻力,行走起来轻飘飘的。

D. 易遭受微流星体伤害,须身着舱外活动航天服。

7. 根据原文所提供的信息,下列推断正确的一项是(　　)

A. 航天员在航天器密封座舱中走行,因为是在失重环境中进行的,所以可以"倒走横行"。

B. 在太空中,航天员依靠太空机器来移动身体,因此可以飘飞到任何想去的地方,行走范围是立体的。

C. 航天员在月球上行走,由于没有空气阻力,重力也只有地球重力的1/6,所以与在地面行走一样,而且是"健步如飞"。

D. 假如借助科技手段消除了木星上厚密的大气带来的阻力,那么航天员在木星上行走就不会陷入"动弹不得"的窘境。

# 谈生命

## 一、基础训练

1. 下面词语中加点字注音完全正确的一项是（　　）。
   A. 朔风(shuò)　挟卷(xié)　骄奢(shē)　屏息(píng)
   B. 云翳(yì)　荫庇(yīn)　卑微(bēi)　丛莽(mǎng)
   C. 怡悦(yí)　芳馨(xīn)　嫩叶(nèn)　巉岩(chán)
   D. 休憩(qì)　惊骇(hài)　清吟(yǐn)　枭鸟(xiāo)

2. 找出下列句中的错别字并改正在括号里。
   (1) 他曲折地穿过了悬岩峭壁,冲倒了层砂积土。(　　)
   (2) 在宇宙的大生命中,我们是多么卑微,多么秒小。(　　)

3. 依次填入下列语句横线处的词语正确的一项是（　　）。
   　　有时候他遇到巉岩前阻,他愤激地_____了起来,_____着,_____着,前波后浪地起伏催逼,直到_____了这危崖,他才心平气和地一泻千里。
   A. 怒吼　回旋　奔腾　冲倒
   B. 回旋　怒吼　奔腾　冲过
   C. 奔腾　怒吼　回旋　冲倒
   D. 激动　怒吼　奔腾　冲过

4. 仿写句子。
   例句:生命是一张唱片,岁月是转动的唱盘,我们的一言一行便是刻针的颤动。
   仿句:生命是_____,_____,
   　　　我们的_____。

## 二、课文练习

**阅读下面的段落,回答1～4题。**

　　生命像一棵小树,他从地底聚集起许多生力,在冰雪下伸展,在早春润湿的泥土中,勇敢快乐地破壳出来。他也许长在平原上、岩石上、城墙上,只要他抬头看见了天,啊! 看见了天! 他便伸出嫩叶来吸收空气,承受日光,在雨中吟唱,在风中跳舞。他也许受着大树的荫遮,也许受着大树的覆压,而他青春生长的力量,终使他穿枝拂叶地挣脱了出来,在烈日下挺立抬头! 他遇着骄奢的春天,他也许开出满树的繁花,蜂蝶围绕着他飘翔喧闹,小鸟在他枝头欣赏唱歌,他会听见黄莺清吟,杜鹃啼血,也许还听见枭鸟的怪鸣。他长到最茂盛的中年,他伸展出他如盖的浓荫,来荫庇树下的幽花芳草,他结出累累的果实,来呈现大地无尽的甜美与芳馨。秋风起了,他的叶子,由浓绿吹到绯红,秋阳下他又有一番庄严灿烂,不是开花的骄傲,也不是结果的快乐,而是成功后的宁静和怡悦! 终于有一天,冬天的朔风,把他的黄叶干枝,卷落吹抖,他无力地在空中旋舞,在根下呻吟,大地庄严地伸出臂儿来接引他,他一声不响地落在她的怀里。他消融了,归化了,他说不上快乐,也没有悲哀!也许有一天,他再从地下的果仁中,破裂了出来,又长成一棵小树,再穿过丛莽的严遮,再来听黄莺的歌唱。

    1. 一棵小树经历了哪几种生命状态?

    2. 怎样理解"在快乐中我们要感谢生命,在痛苦中我们也要感谢生命"?

    3. 结合全文,你领悟到生命的本质是什么?生命的规律又是怎样的?

    4. 在全文中,冰心把生命比作"一江春水""一棵小树",你还可以把生命比作什么?写出两个形象的比喻句来。

三、课外拓展练习

    **阅读文章,回答1~6题。**

## 心,有一处仓库

### 陆星儿

    闲时,翻翻若干年前自己写的一些小说,时常会感到新奇而又陌生:是我写的吗?而当初在撰写它们时曾有过的激情与冲动似乎都已淡忘。当然,再仔细读,一些人物、一些情景、一些细节、一些感受,毕竟熟悉,分明是从自己心里派生出去的,是心的一部分,虽说是过去了的一部分，但人生的历程，不就是一段从过去走向今天的路？这人生的路有直有曲，高低不平，心，便在高低曲直之间得以磨砺、感受，才一点点丰富、博大，一点点深邃、透彻。就这样，一点点地日积月累，我们的心灵如同一座偌大的仓库，悄悄地敛藏着有关"曲直高低"的经历、经验、体会、觉悟，并由浅入深、由表及里地提炼出精神的财富。我隐约感到，每当我有灵感涌出，鞭策自己奋笔疾书时，这座心灵的仓库，便豁然敞开大门，可让我尽情地去寻找。收集对写作有用的东西。

在这"寻找"的时候，我浏览着自己内心的蕴藏，有时激动，有时感慨，有时酸楚，有时惆怅。把这些复杂的感觉，一一变为文字再印刷成铅字，那"仓库"的门暂时关闭，而那些已为文字所代替的感觉，知趣地退位到"仓库"的角落里，空出位置容纳新的经历、经验、体会、觉悟。还记得，我写第一部长篇小说《留给世纪的吻》时，前期的准备工作，最主要的就是"清仓"，把内心的积累，彻底地翻查一遍，从前的，现在的，因为，我需要刻画的人物面貌，既有他们个别的遭遇，又要概括一代人的历史、道路，不动用最充分的积累，不足以形成小说的气势，不足以写出人物的历史纵深感。在完成了的那部长篇小说的后记中我写道："这部长篇小说几乎是我半生的结晶。生活、创作在这里稍稍停顿。"这"停顿"两字很准确，写完长篇小说好像真被掏空了，那座心的仓库所储存的东西仿佛也被统统搬光用竭，心，又成了一个虚旷的空间。

而这座心灵的仓库，究竟有着多大的容量，有着多深厚的蕴藏，无法丈量。我只知道，心，可以同宇宙一般，能放进无限的东西。

渐渐地，我对于自己内心的这个仓库越来越珍视，那是些无价的东西，是用生命换来的。因此，我开始由不知不觉地敛集到主动自觉地收藏，使内心的这座仓库，总也取之不尽、用之不竭。而无论经历了什么幸或不幸、顺利或挫折、如意或失意、成功或失败，我以为都会是有用的东西，都得珍藏到心的仓库之中，好好地保存，让这座仓库不断丰富、不断开阔、不断深厚。因为，世界是那么丰富，人生是那么开阔，人与人、心与心是可以交织起那么深厚的感情的，即使是那些不幸、痛苦、挫折、失意、失败，也会变成认识与领悟——如果心底是善良的、开朗的、清明的、踏实的，便能消融一切，接纳一切。

所以，我把来自生活的每一滴感受都当作珍珠一般，放入内心的仓库。我想，这才是我一生真正的财富。

1. 读文章，整体感知一下作者向我们娓娓道来怎样一份感悟？（可以用文中的话回答，也可以用自己的话概括）

2. 全文可分为几部分？简要概括各部分的内容。

3. 联系上下文内容理解加黑词语的含义。

① 我们的心灵如同一座偌大的仓库,悄悄地**敛藏**着有关"曲直高低"的经历、经验、体会、觉悟,并由浅入深、由表及里地提炼出精神的财富。

敛藏:


② 那座心的仓库所储存的东西仿佛也被统统搬光用竭,心,又成了一个**虚旷**的空间。

虚旷:


③ 而那些已为文字所代替的感觉,**知趣**地退位到"仓库"的角落里,空出位置容纳新的经历、经验、体会、觉悟。

知趣:


4. 第3自然段中"心,可以同宇宙一般,能放进无限的东西"一句的含义是什么?


5. 读此文,就在于与作者共同感悟生命,简要谈谈这篇文章给了我们哪些启迪?


6. 你的年龄还小,也许对生命、对人生还没有太深刻的感悟。读完文章后,联系生活实际中的所见、所闻、所感,谈谈自己有哪些感想。

# 我的空中楼阁

## 一、基础训练

1. 下列加点字的读音,全都不相同的一组是(　　)。
   A. 绚烂　殉职　询问　徇情
   B. 面庞　玲珑　笼罩　葱茏
   C. 点缀　拾掇　辍学　啜泣
   D. 芍药　斟酌　的确　钓钩

2. 下列句子中,没有错别字的一组是(　　)
   A. 美而浓的树荫把小屋笼罩起来。这棵树使小屋给予人另一种印象,使小屋显得含蓄而有风度。
   B. 绿波起伏的稻田的道路上,奔来了一群鹊跃的孩子。
   C. 月朦胧,山虚无,树也缥缈。
   D. 首先看到的是小屋前面的树,那些树把小屋蔗掩了,只在树与树之间露出一些建筑的线条。

3. 下列句子中加点的成语使用不当的一项是(　　)
   A. 适于心灵散步,眼睛旅行,也就是古人说的游目骋怀。
   B. 别看他平常闷闷不乐,可在技术交流会上,他比谁说得都多。
   C. 山上的灯把黑暗照淡了,淡如烟,山雾虚无缥缈。
   D. 时间过得真快,俯仰之间,船已驶出港口。

4. 下边句子有语病的一项是(　　)
   A. 十分清新,十分自然,我的小屋玲珑地立于山脊一个柔和的角度上。
   B. 山如眉黛,小屋恰似眉梢的痣一点。
   C. 山路和山坡不便于行车,即使便于我行走。
   D. 小屋迷于雾失楼台的情景中,它不再是清晰的小屋。

5. 在下列句中横线处填入的数量词完全正确的一项是(　　)。
      世界上有很多已经很美的东西,还需要一些点缀,山也是。小屋的出现,点破了山的寂寞,增加了风景的内容。山上有了小屋,好比一望无际的水面飘过_____风帆,辽阔无边的天空掠过_____飞雁,是单纯的底色上_____灵动的色彩,是山川美景中的_____生气,_____情调。
   A. 一片　一只　一点　一点　一点
   B. 一角　一行　一点　一点　一点
   C. 一角　一行　一丝　一丝　一丝
   D. 一片　一只　一丝　一丝　一丝

6. 填入下面句中横线处的句子,与上下文衔接最恰当的一项是(　　)。
      鸟和花虽有连带关系,_____,几乎没一个是雷同的,惟有杜鹃却是花鸟同名,最为难得。

  A. 然而花有花名，鸟有鸟名　　B. 然而鸟有鸟名，花有花名
  C. 然而鸟是鸟，花是花　　　　D. 然而花是花，鸟是鸟

## 二、课文练习

**阅读下面的段落，完成1～6题。**

  ①光线以明亮为好，小屋的光线是明亮的，因为屋虽小，窗很多。②例外的只有破晓或入暮，那时山上只有一片微光，一片柔静，一片宁谧。③小屋在山的怀抱中，犹如在花蕊中一般，慢慢地花蕊绽开了一些，好像层山后退了一些。④山是不动的，那是光线加强了，是早晨来到了山中。⑤当花瓣微微收拢，那就是夜晚来临了。⑥小屋的光线既富于科学的时间性，也富于浪漫的文学性。

  山上的环境是独立的、安静的。身在小屋享受着人间的清福，享受着充足的睡眠，以及一天一个美梦。

  出入的环境要道，是一条类似苏花公路的山路，一边傍山，一边面临稻浪起伏的绿海和那高高的山坡。山路和山坡不便于行车，然而便于我行走。我出外，小屋是我快乐的起点；我归来，小屋是我幸福的终站。往返于快乐与幸福之间，哪儿还有不好走的路呢？我只觉得出外时身轻如飞，山路自动地后退；归来时带几分雀跃的心情，一跳一跳就跳过了那些山坡。我替山坡起了个名字，叫幸福的阶梯，山路被我唤做空中走廊！

  我把一切应用的东西当作艺术，我在生活中的第一件艺术品——就是小屋。白天它是清晰的，夜晚它是朦胧的。每个夜幕深垂的晚上，山下亮起灿烂的万家灯火，山上闪出疏落的灯光。山下的灯把黑暗照亮了，山上的灯把黑暗照淡了，淡如烟，淡如雾，山也虚无，树也缥缈。小屋迷于雾失楼台的情景中，它不再是清晰的小屋，而是烟雾之中、星点之下、月影之侧的空中楼阁！

  1. 如何理解"层山"的"后退"？这种情况是怎样造成的？

  2. 小屋的光线有怎样的变化？

3. 第一段共6句话,层次理解正确的一项是(　　)
   A. ①/②/③④⑤⑥　　　　　B. ①②/③④/⑤⑥
   C. ①/②③④/⑤/⑥　　　　　D. ①/②③④⑤/⑥

4. "独立的,安静的"环境就是"享受""清福",这反映了作者怎样的追求?




5. 小屋所处的环境是偏僻的,出入极不方便,为什么说"往返于快乐与幸福之间"呢?





6. "空中走廊""空中楼阁"一语双关,既指"我"家居住的"小屋"建于山上,在烟雾迷蒙中,犹如耸入天际的楼阁,又指_____。本文这种借小屋来抒发感情,表达自己的人生理想的写法叫作_____。


## 三、课外拓展练习

**阅读下面的段落,完成1~5题。**

### 雾

#### 茅　盾

雾遮没了正对着后窗的一带山峰。

我还不知道这些山峰叫什么名儿。我来此的第一夜就看见那最高的一座山的顶巅像钻石装成的宝冕似的灯火。那时我的房里还没有电灯,每晚上在暗中默坐,凝望这半空的一片光明,使我记起了儿时所读的童话。实在的呢,这排列得很整齐的依稀分为三层的火球,衬着黑魆魆的山峰的背景,无论如何,是会引起非人间的缥缈的思想的。

但在白天看来,却就平凡得很。并排的五六个山峰,差不多高低,就最西的一峰戴着一簇房子,其余的仅只有树;中间最大的一峰竟还有濯濯地一大块,像是癞子头上的疮疤。

现在那照例的晨雾把什么都遮没了,就是稍远的电杆也躲得毫无影踪。

渐渐地太阳光从浓雾中钻出来了。那也是可怜的太阳呢!光是那样的淡弱。随后它也躲开,让白茫茫的浓雾吞噬了一切,包围了大地。

我诅咒这抹杀一切的雾!

我自然也讨厌寒风和冰雪。但和雾比起来,我是宁愿后者呵!寒风和冰雪的天气能够杀人,但也刺激人们活动起来奋斗。雾,雾呀,只使你苦闷;使你颓唐阑珊,像陷在烂泥淖中,满心想挣扎,可是无从着力呢!

傍午的时候,雾变成了牛毛雨,像帘子似的老是挂在窗前。两三丈以外,便只见一片烟云——依然遮抹一切,只不过是雾样的罢了。没有风。门前池中的残荷梗时时忽然急剧地动摇起来,接着便有红鲤鱼的活泼泼的跳跃划破了死一样平静的水面。

我不知道红鲤鱼轨外行动是不是为了不堪沉闷的压迫?在我呢,既然没有杲杲的太阳,便宁愿有疾风大雨,很不耐这愁雾的后身的牛毛雨老是像帘子一样挂在窗前。

1. 本文标题是《雾》,但第二、三两个主要段落为什么不写雾?

2. 作者说太阳是"可怜的",为什么?

3. 作者为什么要诅咒雾?比较而言,他为什么不诅咒寒风和冰雪?

4. 作者写门外雾雨,还写了红鲤鱼的活动,有言外之意吗?

5. 下面对本文的赏析,不恰当的一项是(　　)
　　A. 开篇干净利索,开门不见山是因为有雾的笼罩。
　　B. 本文借山写雾,借景写雾,借写雾抒发自己的压抑之情,没有斧凿之痕,行文非常自然。
　　C. 本文用了比喻的修辞手法,"雾"比喻反动派的高压统治、黑暗统治。
　　D. 本文语言朴实,文风纯朴,文短意丰,言浅意深,引发人们更多更深的思考。

# 米洛斯的维纳斯

## 一、基础训练

1. 下列加点字读音有误的一项是（　　）。
   A. 飞跃(yuè)　　丰腴(yú)　　烘托(hōng)　　矫揉造作(jiǎo)
   B. 妩媚(wǔ)　　气氛(fēn)　　髋部(kuān)　　毋庸赘言(wú)
   C. 玉笏(hù)　　攫住(jué)　　匀称(chèng)　　迥然不同(jiǒng)
   D. 譬如(pì)　　脊背(jǐ)　　调和(tiáo)　　驰骋想象(chěng)

2. 下列项中字形全对的一项是（　　）。
   A. 必须　　孕育　　不可思议　　顺理成张
   B. 抑或　　俊美　　标新立异　　变幻无穷
   C. 赞颂　　质疑　　出神入画　　形形色色
   D. 回溯　　典型　　消魂勾魄　　一览无遗

3. 下列句中加点成语使用正确的一项是（　　）
   A. 使人不能不感到，这座丧失了双臂的雕像中，人们称为美术作品命运的、同创作者毫无关系的某些东西正出神入化地烘托着作品。
   B. 我并不是想在这里玩弄独树一帜之说。
   C. 人们从考证的角度，从想象的角度，提出五花八门的复原试案。
   D. 文学竭力赞颂初次捏握情人手掌时的幸福感受的述怀，才会拥有不可理喻的严肃力量。

4. 对"如果发现了真正的原形，我对此无法再持一丝怀疑而只能相信时，那我将怀着一腔怒火，否定掉那个真正的原形，而用的正是艺术的名义"这句话解说正确的一项是（　　）
   A. 作者实际上不相信会有真正的原形出现。
   B. 作者会以艺术的名义否定即将出现的真正的原形。
   C. 作者对否定真正的原形的行为怀着一腔怒火。
   D. 作者不希望有真正的原形出现，因为它会破坏断臂的维纳斯的神秘美。

5. 下列各句中没有语病的一句是（　　）
   A. 他马上召开常委会进行研究，统一安排了现场会的内容、时间和出席人员，以及会议中应注意的问题。
   B. 我们并不是完全否认这首诗没有透露出希望，而是说这希望非常渺茫。
   C. 当前和今后一个相当长的时间内，每年进入劳动年龄的人口数量很大，安排城镇青年劳动力就业是一项相当繁重的任务。
   D. 在古代，这类音乐作品只有文字记载，没有乐谱资料，既无法演奏，也无法演唱。

6. 下面各项中，与上文衔接得最恰当的一项是（　　）
   　　在这里，从别的意义上讲，令人饶有兴趣的是，除了两条胳膊之外，其他任何部分都丧失不得。假定丧失的不是两条胳膊，而是其他的肉体部分，恐怕也就不会产生我在这篇文章中谈到的魅力了。譬如说，眼睛被捅坏了，鼻子缺落了，或是乳房被拧掉了，而两条胳膊

却完好无损地安然存在着,那么,_____
A. 这座雕像就不可能放射出变幻无穷的生命光彩了。
B. 这座雕像兴许就不可能放射出变幻无穷的生命光彩了。
C. 这座雕像兴许就放射不出变幻无穷的生命光彩了。
D. 这座雕像又怎么可能放射出变幻无穷的生命光彩呢?

## 二、课文练习

**(一) 阅读下面的段落,完成1~7题。**

据说,这座用帕罗斯岛产的大理石雕刻而成的维纳斯像,是19世纪初叶米洛斯岛的一个农人在无意中发掘出来的,后被法国人购下,搬进了巴黎的罗浮宫博物馆。那时候,维纳斯就把她那条玉臂巧妙地遗忘在故乡希腊的大海或是陆地的某个角落里,或者可以说是遗忘在俗世人间的某个秘密场所。不,说得更为正确些,她是为了自己的丽姿,无意识地隐藏了那两条玉臂,为了漂向更远更远的国度,为了超越更久更久的时代。对此,我既感到这是一次从特殊转向普遍的毫不矫揉造作的飞跃,也认为这是一次借舍弃部分来获取完整的偶然追求。

1. 对文中加点的"据说"二字的理解和分析正确的两项是(　　)
   A. 是句子中的独立成分——据说,交代材料的来源。
   B. 表明作者对没有留下确切的历史事实而深感遗憾和惋惜。
   C. 说明维纳斯像只是一个农人发掘出来的。
   D. 要说明的是法国人把维纳斯像买下并搬到罗浮宫。
   E. 引起下文,交代要说明的内容有:一是维纳斯像是农人发掘出来的,二是法国人买下并搬到罗浮宫。

2. ① 画横线句子中"为了漂向更远更远的国度"的意思是什么?

   ② 画横线句子中"为了超越更久更久的时代"的意思是什么?

3. 文中"对此"的"此"指代的是什么?(不超过15个字)

4. 文章最后作者说"这是一次借舍弃部分来获取完整的偶然追求",这"偶然追求"的意思是_____。

5. 对于米洛斯的维纳斯,作者从不同层面进行了评价:
① 对她本身所作出的评价是:(不超过20字)

② "丢失玉臂"的好处是:(不超过25字)

③ 作者概括了自己的感受,揭示了"双臂残缺"的两个意义,即:
a.(不超过25字)

b.(不超过20字)

6. 用课文中的其他语句解释末段最后一句话的含义。




7. 结合全文,说明下面句子的含义:"人们只要一度被这神秘气氛所迷,必将暗自畏惧两条一览无遗的胳膊会重新出现在这雕像上。哪怕那是两条如何令人销魂的玉臂"。




(二) 阅读下面的段落,回答8～13题。

毋庸赘言,米洛斯的维纳斯显示了高贵典雅同丰满诱人的惊人的调和。可以说,她是一个美的典型。无论是她的秀颜,还是从她那丰腴的前胸延向腹部的曲线,或是她的脊背,不管你欣赏哪儿,无处不洋溢着匀称的魅力,使人百看不厌。而且,和这些部分相比较,人们会突然觉察到,那失去了的双臂正浓浓地散发着一种难以准确描绘的神秘气氛,或者可以说,正深深地孕育着具有多种多样可能性的生命之梦。换言之,米洛斯的维纳斯虽然失去了两条由大理石雕刻成的美丽臂膊,却出乎意料地获得了一种不可思议的抽象的艺术效果,向人们暗示着可能存在的无数双秀美的玉臂。尽管这艺术效果一半是由偶然所产生,然而这却是向着无比神妙的整体美的奋然一跃呀!人们只要一度被这神秘气氛所迷,必将暗自畏惧两条一览无余的胳膊会重新出现在这座雕像上。哪怕那是两条如何令人销魂的玉臂!

因此,对我来说,关于复原米洛斯的维纳斯那两条已经丢失的胳膊的方案,我只能认为全是些倒人胃口的方案,全是些奇谈怪论。当然,那些方案对丧失了的原形是做过客观推定的,所以,为复原所做的一切尝试,都是顺理成章的。我只不过是自找烦恼而已。然而,人们对丧失了的东西已经有过一次发自内心的感动之后,恐怕再也不会被以前的、尚未丧失的往昔所打动了吧。因为在这里成为问题的,已不是艺术效果上的数量的变化,而是质量的变化了。当艺术效果的高度本身已经迥然不同之时,那种可以称为对欣赏品的爱的感动,怎能再回溯而上,转移到另一个不同对象上去呢?

8. 第一段中所说的"神秘的气氛"是怎样产生出来的?(请用自己的话回答)

9. 对第一段的最后一句话,应怎样理解?

10. 有人力图复原维纳斯雕像失去的双臂,他们与本文作者(清冈卓行)在观念上有什么不同?

11. 作者对复原维纳斯两条胳膊的方案,提出了自己的看法。
  ① 作者认为,这些方案□□□□□,□□□□□。(每格一字)
  ② 作者没有完全否定提出上述方案的人的良苦用心,而是持客观态度从构想与实践的角度作了两点评价,即
   a.(不超过 20 字)

   b.(不超过 18 字)

12. 作者发挥想象,为复原维纳斯失去的玉臂设计出 4 种方案,请概述之。

13. 在叙写上述种种设计时:
   ① 作者产生的感受是_____。(不超过12字)
   ② 想象中倘若维纳斯真的有胳膊,作者产生的感受是_____
   _____。(概括不超过25字)

## 三、课外拓展练习

**(一) 语言运用。**

1. 根据不同的要求,将原文的句子变成不同的单句。
   据说,这座用帕罗斯岛产的大理石雕刻而成的维纳斯像,是19世纪初叶米洛斯岛的一个农人在无意中发掘出来的,后被法国人购下,搬进了巴黎的罗浮宫博物馆。
   ① 突出维纳斯像的发掘情况:




   ② 突出维纳斯像的最后结局:




2. 将下面的句子变为陈述句。
   当艺术效果的高度本身已经迥然不同之时,那种可以称之为是对欣赏品的爱的感动,怎能再回溯而上,转移到另一个不同对象上去呢?




**(二) 写作训练。**

课文作者在文中反复强调的一个观点就是维纳斯必须失去玉臂,才能获得美学上的永恒。请以"得与失"为题,写一篇不少于800字的作文,文体不限。

# 咬文嚼字

## 一、基础训练

1. 下列词语中加点的字,读音全都正确的一项是(　　)。
   A. 剥啄(zhuó)　　上乘(chéng)　　拘礼(jū)　　锱铢必较(zhī)
   B. 没镞(zú)　　付梓(xīn)　　斟酌(zhēn)　　清沁肺腑(qìn)
   C. 岑寂(cén)　　憎恶(zèng)　　胸襟(jīn)　　深恶痛疾(jí)
   D. 蕴藉(jiè)　　尺牍(dú)　　流弊(bì)　　咬文嚼字(jiáo)

2. 下列词语中,没有错别字的一项是(　　)。
   A. 蛰伏　原动力　指手画脚　苦思冥想
   B. 坐镇　绩优股　礼义廉耻　焕然冰释
   C. 表率　黄粱梦　千古之谜　弥天大谎
   D. 针砭　绿茵场　真知卓见　提纲挈领

3. 下列各句中,加点的成语使用恰当的一项是(　　)
   A. 奚羽先生指导弟子写论文时强调,学术论文要有的放矢,论证严密,语言准确而简洁,不能模棱两可,也不能繁文缛节。
   B. 随着互联网的快速发展,各种网络谣言也不翼而飞,这不仅损害了公民权益,而且损害了政府形象,整治网络谣言已是人心所向。
   C. 碳排放过量会给地球生态环境带来严重的危害,如果不设法加以遏制,必然会威胁人类生存,全球性大灾难指日可待。
   D. 野花肆意开放,花丛间常可见一队队小巧伶俐的麻褐色野兔,在那里追逐嬉戏,天真烂漫、活灵活现。

4. 下列各句中,没有语病的一句是(　　)
   A. 人才培养的质量是衡量一所大学办得好不好的重要因素,大力提升人才培养水平是高等教育改革发展的战略课题。
   B. 学校开展经典诵读活动有利于教风和学风建设,而中小学是人生品格形成的重要时期,所以这样的活动应着力于中小学就要抓紧抓好。
   C. 据西藏自治区统计局发布的最新数据显示,在自治区常住人口中,藏族人口占九成以上,为271.6万人。
   D. 一名韩国官员透露,有关成员国已达成一致意见,同意建立该项基金,以防止1997年那样的金融危机不要再次发生。

5. 依次填入下列横线处的词语,最恰当的一组是(　　)。
   ① 如果我们不把主要精力用于开发具有实际用途的科学知识,而仍然_____于审美文化的民族传统,其结果是有害无益的。
   ② 契诃夫这篇小说所表现的思想是相当复杂的:既嘲笑了当时的所谓"上流社会",也_____了一些虚无思想。

③ 在经济上，_____欧债危机仍在扩大，美国经济并未明显回温，全球经济可能形成长期衰退局面，台湾经济或将面临更为严峻的挑战形势。

A. 沉溺　寄寓　鉴于　　　B. 沉溺　寄予　基于
C. 沉浸　寄予　鉴于　　　D. 沉浸　寄寓　基于

## 二、课文练习

**阅读下面的段落，完成1～4题。**

　　一般人根本不了解文字和情感的密切关系，以为更改一两个字不过是要文字顺畅些或是漂亮些。其实更动了文字，就同时更动了思想情感，内容和形式是相随而变的。姑举一个人人皆知的实例。韩愈在月夜里听见贾岛吟诗，有"鸟宿池边树，僧推月下门"两句，劝他把"推"字改为"敲"字。这段文字因缘古今传为美谈，今人要把咬文嚼字的意思说得好听一点，都说"推敲"。古今人也都赞赏"敲"字比"推"字下得好，其实这不仅是文字上的分别，同时也是意境上的分别。"推"固然显得鲁莽一点，但是它表示孤僧步月归寺，门原来是他自己掩的，于今他"推"。他须自掩自推，足见寺里只有他孤零零的一个和尚。在这冷寂的场合，他有兴致出来步月，兴尽而返，独往独来，自在无碍，也自有一副胸襟气度。"敲"就显得他拘礼些，也就显得寺里有人应门。仿佛是乘月夜访友，他自己不甘寂寞，那寺里即使不是热闹场合，至少也有一些温暖的人情。比较起来，"敲"的空气没有"推"的那么冷寂。就上句"鸟宿池边树"看来，"推"似乎比"敲"要调和些。"推"可以无声，"敲"就不免剥啄有声。惊起了宿鸟，打破了岑(cén)寂，也似乎平添了搅扰。所以我很怀疑韩愈的修改是否真如古今所称赏的那么妥当。究竟哪一种意境是贾岛当时在心里玩索而要表现的，只有他自己知道。如果他想到"推"而下"敲"字，或是想到"敲"而下"推"字，我认为那是不可能的事。所以问题不在"推"字和"敲"字哪一个比较恰当，而在哪一种境界是他当时所要说的，而且与全诗调和的。在文字上"推敲"，骨子里实在是在思想情感上"推敲"。

1. 这段文字所要表达的观点是什么？

2. 作者举"推敲"一例，意在说明什么？

3. 作者认为"推"字比"敲"字用得好的理由是什么?

4. "咬文嚼字"的本意是什么?为什么说把"咬文嚼字"说成"推敲",是"说得好听一点"?

三、课外拓展练习

(一)阅读下面的文章,完成1~3题。

## 谈　静

### 朱光潜

人生乐趣一半得之于活动,还有一半得之于感受。所谓"感受"是被动的,是容许自然界事物感动我的感官和心灵。眼见颜色,耳闻声音,是感受;见颜色而知其美,闻声音而知其和,也是感受。同一美颜,同一和声,而各个人所见到的美与和的程度又随天资境遇而不同。比方路边有一棵苍松,你只觉得可以砍来造船;我觉得可以让人纳凉;他也许说它很宜于入画,或者说是高风亮节的象征。反应不同,都由于感受力有强有弱。

世间天才之所以为天才,固然由于具有伟大的创造力,而他的感受力也分外比一般人强烈。比方诗人和美术家,你见不到的东西他能见到,你闻不到的东西他能闻到。麻木不仁的人就不然,请伯牙向他弹琴,他也只联想到弹棉花。感受也可以说是"领略",不过领略只是感受的一方面。世界上最快活的人不仅是最能活动的人,也是最能领略的人。所谓领略,就是能在生活中寻出趣味。

能处处领略到趣味的人决不至于岑寂,也决不至于烦闷。"半亩方塘一鉴开,天光云影共徘徊。问渠那得清如许?为有源头活水来。"这是一种绝美的境界。姑且闭目一思索,假想这半亩方塘便是自己的心,你看这首诗比拟人生苦乐多么恰当!一般人的生活枯燥,只是因为他们的"半亩方塘"中没有天光云影,没有源头活水来,这源头活水便是领略得的趣味。

领略趣味的能力固然一半由于天资,一半也由于修养。大约静中比较容易见出趣味。物理上有一条定律说:两物不能同时并存于同一空间。这个定律在心理方面也说得通。一般人不能感受趣味,大半因为心地太忙,不空所以不灵。所谓"静",便是指心界的空灵,不是指物界的沉寂,物界永远不沉寂的。心境愈空灵,愈不觉得物界沉寂,或者还可以进一步说,心界愈空灵,也愈不觉得物界喧嘈。习静并不必定要逃空谷,也不必定学佛家静坐参禅。静与闲也不同。许多闲人不必都能领略静中趣味,而能领略静中趣味的人,也不必定要闲。在百忙中,在尘世喧嚷中,偶然丢开一切,悠然遐想,心中便蓦然似有一道灵光闪烁,无穷妙悟便源源而来:"万物静观皆自得,四时佳兴与人同。"日本人小林一茶的一首俳句:"不要打哪,苍蝇搓他的手,搓他的脚呢。"懂得这一句诗,便懂得我所谓静趣了。

(选自朱光潜《谈美书简·给青年的十二封信》,有删改)

1. 下列说法符合文意的一项是(　　)
   A. 一个人能否最大限度地见到"美"与"和",天赋的高低具有决定作用。
   B. 感受是一种被动的过程,也就是领略,它能帮助人们在生活中寻出趣味。
   C. 一个人陷入岑寂和烦闷之中,往往是由于他的心境不够空灵而造成的。
   D. 不同的感受角度决定了有人认为苍松宜于入画,有人认为苍松可以造船。
2. 文章题目为"谈静",但最后一段才写到"静",请简要说明全文的思路。










3. 作者所说"静趣"的含义是什么?为什么说懂得小林一茶的俳句就懂得"静趣"了?










**(二) 语言运用。**

4. 根据下面的意思,为《咬文嚼字》杂志创拟一则广告词。

我好,我优秀,你却不订不看,当然是你的错。而如果我办得不好,无啥看头,甚至枯燥无味,那当然是我的错误喽。我们说,优秀来自自信,自信才会出优秀。《咬文嚼字》是深知此理的。

广告词:

5. 下面是"凹"与"凸"这两个字的两种组合,请任选其一,展开联想和想象,写一段富有人生启迪的话,不超过 100 个字。

① 将"凹"与"凸"并列放在一起。

② 将"凹"与"凸"上下对接在一起,组合成一个长方形。

# 我的母亲

## 一、基础训练

1. 下面加点字的注音正确的一项是（　　）。
   A. 秩序(chì)　　调运(diào)　　悬崖勒马(lè)　　惊魂甫定(pǔ)
   B. 折本(zhé)　　喟然(wèi)　　并行不悖(bèi)　　酩酊大醉(dǐng)
   C. 差劲(chà)　　拙劣(zhuō)　　似是而非(sì)　　数见不鲜(shù)
   D. 殷勤(yīn)　　囤积(tún)　　春色撩人(liáo)　　蒙头转向(mēng)

2. 下面各组词语中，有两个错别字的一组是（　　）。
   A. 嘉奖　　誓死如归　　奏效　　越俎代庖
   B. 勤检　　弱不经风　　整饬　　历久弥新
   C. 真谛　　既往不咎　　小憩　　举步为艰
   D. 体恤　　提纲挈领　　端倪　　夙兴夜寝

3. 下列词语依次填入横线处最恰当的一组是（　　）。
   ① 由于年龄小，兄妹又多，全仗母亲独力＿＿＿＿了。
   ② 母亲似乎把一世的＿＿＿＿都哭了出来，一直哭到坟地。
   ③ 我有一定的宗旨与基本的准则，什么事都可将就，但不能超过自己画好的＿＿＿＿。
   A. 抚养　　委曲　　界线　　　B. 抚养　　委屈　　界限
   C. 哺养　　委曲　　界限　　　D. 哺养　　委屈　　界线

4. 下列成语运用不恰当的一组是（　　）
   A. 与母亲相依为命的是我与三姐。因此，她们做事，我老在后面跟着。
   B. 我请了两个小时的假，由拥挤不堪的街市回到清炉冷灶的家中。
   C. 李老汉是一个知恩图报的人。别人给他的帮助与恩惠，哪怕仅仅只是一句安慰的话，他也睚眦必报。
   D. 植物也有"喜怒哀乐"，养植物跟养宠物一样，对它经常给予关爱，让它"心绪"良好，它就会投桃报李，令你心旷神怡。

5. 下列各句中，没有语病的一句是（　　）
   A. 天津市为大部分农民工办理了银行卡，建立工资"月支付，季结算"，维护了广大农民工的合法权益。
   B. 来这里聚会的无论老少，都被他清晰的思路、开朗的性格、乐观的情绪及坚定的信心深深地感染了。
   C. 不少学生偏食、挑食，导致蛋白质的摄入量偏低，钙、锌、铁等营养元素明显不足，营养状况不容乐观。
   D. 节约的目的不仅仅在于节约钱财，更在于节约大自然赋予我们的有限资源，以保护十分脆弱的生态环境。

## 二、课文练习

**阅读下面的段落,完成 1～4 题。**

当我在小学毕了业的时候,亲友一致地愿意我去学手艺,好帮助母亲。我晓得我应当去找饭吃,以减轻母亲的勤劳困苦。可是,我也愿意升学。我偷偷地考入了师范学校——制服、饭食、书籍、宿处,都由学校供给。只有这样,我才敢对母亲提升学的话。入学,要交十元的保证金。这是一笔巨款!母亲作了半个月的难,把这巨款筹到,而后含泪把我送出门去。她不辞劳苦,只要儿子有出息。当我由师范毕业,而被派为小学校长,母亲与我都一夜不曾合眼。我只说了句:"以后,您可以歇一歇了!"她的回答只有一串串的眼泪。我入学之后,三姐结了婚。母亲对儿女是都一样疼爱的,但是假若她也有点偏爱的话,她应当偏爱三姐,因为自父亲死后,家中一切的事情都是母亲和三姐共同撑持的。三姐是母亲的右手。但是母亲知道这右手必须割去,她不能为自己的便利而耽误了女儿的青春。当花轿来到我们的破门外的时候,母亲的手就和冰一样的凉,脸上没有血色——那是阴历四月,天气很暖。大家都怕她晕过去。可是,她挣扎着,咬着嘴唇,手扶着门框,看花轿徐徐地走去。不久,姑母死了。三姐已出嫁,哥哥不在家,我又住学校,家中只剩母亲自己。她还须自晓至晚的操作,可是终日没人和她说一句话。新年到了,正赶上政府倡用阳历,不许过旧年。除夕,我请了两小时的假。由拥挤不堪的街市回到清炉冷灶的家中。母亲笑了。及至听说我还须回校,她愣住了。半天,她才叹出一口气来。到我该走的时候,她递给我一些花生,"去吧,小子!"街上是那么热闹,我却什么也没看见,泪遮迷了我的眼。今天,泪又遮住了我的眼,又想起当日孤独的过那凄惨的除夕的慈母。可是慈母不会再候盼着我了,她已入了土!

1. 三姐出嫁时,母亲为什么手冰凉,脸上没有血色?为什么要交代那是阴历四月,天气很暖?

2. 那个凄惨的除夕夜,作者连用了哪四个传神的动词写母亲?分别表现了母亲怎样的情感?

3. "可是,慈母不会再候盼着我了,她已入了土!"这句话表达了作者怎样的感情?




4. "当我由师范毕业,而被派为小学校长,母亲与我都一夜不曾合眼。我只说了句:'以后,您可以歇一歇了!'她的回答只有一串串的眼泪。"对这句话的分析错误的两项是( )

   A. 作者说出这句话,是因为他觉得要报答母亲,也有能力报答母亲了。
   B. 作者想,以后不必外出苦读,可以替母亲分担家务,让母亲歇歇了。
   C. "我"参加工作了,母亲又为"我"的前程担心。她不能真正像儿子说的那样可以"歇歇了",所以回答的是一串串的眼泪。
   D. 多年的艰辛苦难,才让儿子熬出了头,母亲心中涌起阵阵酸楚。母亲苦尽甘来,喜极而泣。

## 三、课外拓展练习

**阅读下面的文章,完成1~3题。**

### 握住母亲的脚(节选)

#### 春 华

一位名牌大学的毕业生到一家颇具实力的公司应聘面试,主考官只对这位才华横溢的大学生提了一个问题:"你抱过母亲的脚吗?"

年轻大学生被主考官的提问弄愣了,满脸绯红。主考官接着又说:"明天这个时候,请你再来一次,不过有一个条件,你必须抱抱你母亲的脚。"

青年红着脸走了。他弄不明白主考官的用意,但无论如何,自己也要按主考官的要求抱抱母亲的脚。

青年大学生早年丧父,贫寒的家里只有他与母亲相依为命,母亲靠替人做佣人才供他读完了大学。青年大学生其实是理解母亲的,也很爱他的母亲。但他压根儿没抱过母亲的脚,他不知抱母亲脚时心头会是一种什么样的滋味。

青年回到家里,母亲还没归来。他想,母亲长年在外奔波,那双脚一定很疲乏,今晚,我一定要替她洗洗脚,然后轻轻按摩一番。

母亲很晚了才回来。青年请母亲坐下,然后端来一盆热水,右手拿毛巾,左手握母亲的脚。陡然间,他发现母亲的脚竟然像木棒一样坚硬。青年大学生顿时潸然泪下,紧紧将那双脚拥在怀里,久久地不肯松开。

那晚,青年大学生终于理解了母亲。

第二天,青年如约去那家公司,心情沉重地对主考官说:"我现在才真正明白,做人是那么不容易,成才又是何等的艰难,您让我明白了一个极其简单的道理,一个人只有理解了母亲,他才可能善待自己!"

主考官这时笑了,点点头说:"你明天来公司上班吧!"

主考官旨在考验年轻大学生的悟性,岂料却让一个人的灵魂获得了升华。

年轻大学生从此铭记着母亲的艰辛,也一刻不忘自己肩负的责任。没几年,他便成长起来,而且做了一家大公司的老板。

故事一度让我感动,也令我深深羞愧。

许多年以来,当我终于长成一棵大树,当我坐在偌大的教室里给那些虔诚地唤我老师的朋友谈创作体会的时候,我就告诉他们:一个人要想读懂人生真谛,不妨回去握握母亲的脚,那是一部比任何经典教材都具震撼力的巨著,读懂了它,你就读懂了整个人生。

握母亲的脚在手,其实握着的是自己一生的命运。

1. 本文通过叙述一个故事,揭示了人生的真谛,贯穿全文的线索是什么?"那是一部比任何经典教材都具震撼力的巨著"这句话有什么作用?

线索:


作用:


2. 青年大学生握母亲的脚时为什么"潸然泪下"?他的灵魂获得了怎样的升华?


3. "握母亲的脚在手,其实握着的是自己一生的命运。"你怎么理解这句话的含义?

# 白发苏州

## 一、基础训练

1. 下列词语中加点的字,每对的读音全都不相同的一组是( )。
   A. 铜臭/臭氧　　小巷/巷道　　高亢/引吭高歌　　惬意/锲而不舍
   B. 毋庸/会晤　　负疚/归咎　　遂心/半身不遂　　拘泥/泥古不化
   C. 佣金/佣工　　靓妆/靓女　　狙击/前倨后恭　　纶巾/经纶世务
   D. 炽热/咫尺　　媲美/毗邻　　沮丧/含英咀华　　便宜/大腹便便

2. 下列词语没有错别字的一组是( )。
   A. 芥蒂　　爆满　　坚苦卓绝　　株连九族　　覆巢之下必无完卵
   B. 影碟　　娇矜　　阖家欢乐　　彩票博彩　　眉头一皱,计上心来
   C. 媾和　　揣摩　　吊销执照　　两全齐美　　偷鸡不成反蚀一把米
   D. 厮守　　防范　　优柔寡断　　旅游圣地　　盛名之下,其实难符

3. 依次填入下列横线处的词语,最恰当的一组是( )。
   ① 因为加缪也把人看成是古希腊神话中_____服苦役的西西弗斯,他命中注定要永远推一块巨石上山。
   ② 这种风格既是美的,同时又能表现生活的真实,演员能用一两个极_____而又极典型的姿势,把时间、地点和特定情景表现出来。
   ③ 随着未来的科学进步,我相信,宗教_____教条_____迷信,必将让位于科学;可是人的对于超越人世的渴望,必将由未来的哲学来满足。
   A. 终身　精练　以及/或　　　　B. 终生　精练　及其/或
   C. 终生　洗练　及其/和　　　　D. 终身　洗练　以及/和

4. 下列各句中加点的成语使用正确的一句是( )
   A. 两人本来就有意见,经他一挑拨,就更成掎角之势,互不往来了。
   B. 那尊雕像屹立在那里已经许多年了,几乎成了这座城市的标志。霜打日晒,栉风沐雨,都没有改变它的英姿,也没有改变人们对它的崇敬。
   C. 那一天,我们登上了泰山极顶。天高云淡,凉风习习。鸟瞰脚下那绵延的群山,很有一番高山景行、"一览众山小"的感觉。
   D. 事是大家做的,虽说他把挣的钱留了一半给自己,但揆情度理,由于项目是他争取来的,他又主动承担了组织工作,功劳最大,所以大家也没意见。

5. 下列各句中,没有语病且句意明确的一句是( )
   A. 他不仅是社会的一员,同时还是宇宙的一员。他是社会组织的公民,同时还是孟子所说的"天民"。
   B. 这快乐恐怕不下于历史学家和地质学家追溯某个王朝的演化史和自然界的兴衰史所得到的乐趣。
   C. 这种美学思想,是独创的宝贵的遗产,值得我们结合艺术的实践来深入地汲取和理解,

为我们从新的生活创造新的艺术形式提供借鉴和营养资料。
D. 远征队员们小心翼翼地察看了船体内部,除了一片茂密的花丛外空无一物。

6. 下列各句中,标点使用正确的一项是(　　)
A. 目前大学毕业生就业存在一种奇怪的现象:一方面很多学生毕业后找不到工作,一方面很多民营以及西部边远地区招不到需要的工作人员,出现这种现象的原因之一在于大学毕业生没有树立正确的择业观。
B. 出版社除出了《读书生活》和《认识》两种杂志(均因抗战爆发而停刊。后一种好像只出了两期,现已少为人知,然而很有分量。)外,还出了若干译著。
C. 语文教学的问题,叶老有一句精辟的话,那就是"教是为了不教。"
D. 王先生到底称赞我的什么呢? 是有几处画得好,还是勇气可嘉,什么都敢画? 或者根本就不是称赞,只是一种对于失败者的无可奈何的安慰?


## 二、课外拓展阅读

**(一)阅读下面的文章,完成1~3题。**

### 丰富多彩的唐卡艺术

在西藏寺院、宫殿、经堂里,无处不悬挂唐卡。作为一门艺术,唐卡在宗教界、美术界具有独特的地位。

唐卡是一种轴画,是我国藏族地区独有的一种彩画,大都绘于布面,其历史可以上溯到唐代吐蕃松赞干布时期,距今已有1300多年的历史。唐卡是中国文化的瑰宝,被誉为藏族人民的"百科全书",它融历史、知识、趣味、宗教、民风民俗于一炉,展示了藏族社会的变迁、人民的才智和艺术的追求。

唐卡,最小的只有7厘米,最长的有几十米,用刺绣、织锦和贴花等方法制作,构图严谨,笔力精细,细腻饱满,风格华丽,动中有静,静中有动,绘形绘色,内容丰富,包罗万象。在画法上,有工笔重彩和白描两种,按照造像量度标准起稿,面部五官及头、胸、腰、腿等各部位比例均有严格要求,在用色上强调对比,讲究色彩富丽,追求金碧辉煌的效果。线条粗细有致,刚柔相济,运笔讲究顿挫变化,有的线条粗犷有力,有的则圆润流畅,形象逼真,传神动人。

唐卡艺术经过藏族画师千百年来的不断创造,积累了丰富的经验,形成了自己独特的风格,在藏族绘画传统的基础上,汲取了汉族地区和印度、尼泊尔等绘画技艺,形成了自己的特色,并在长期实践中出现了不同流派,其中以"门当"派和"青孜"派最为著名。"门当"派严谨庄重,功底颇深,其代表作多见于布达拉宫、大昭寺、哲蚌寺等寺院;"青孜"派的风格奔放活泼,想象丰富,多见于白居寺、夏鲁寺、托林寺等寺院。

西藏最珍贵的唐卡珍藏在山南的昌珠寺,这幅唐卡用两万九千多颗珍珠镶嵌而成,主像是观音菩萨,珍珠唐卡银光闪闪,灿烂辉煌。西藏最大的唐卡珍藏在举世闻名的布达拉宫,共九幅,布达拉宫专门建造了一栋340平方米的二层楼房珍藏这些唐卡,保存完好,织锦亮丽如新,佛像容颜清晰,均为珍贵的国宝。

西藏有世界上最大的唐卡,叫"至贵殊灵",诞生于20世纪90年代,1996年3月3日在拉萨布达拉宫开光,这幅唐卡高45米,宽32米,重3吨,为世界之最。其制作历经1年零3个月,耗资2千万元,由佛像绘画大师扎西次仁设计,领衔裁剪缝制的是多吉,经过7道复杂的手工工序完成,其工作量之大,可想而知。这幅唐卡的画面塑造了藏传佛教各大教派的创始人,是没有教派门户之见的大荟萃。在布达拉宫里,还有一组唐卡,共一百多幅画面,描绘萨迦法王八思巴降生、赴凉州、应召进京、返藏、二次进京、皇帝册封、圆寂等主要生平事迹,故事性极强。在唐卡中,不仅有这种人物传记画,还有宗教画、肖像画、故事画、建筑画、风俗画、历史画等丰富多彩的内容。唐卡是藏族人民的"百科全书"。

1. 下列关于"唐卡"的表述,符合原文意思的一项是(　　)
   A. 唐卡是我国藏族地区独有的一种彩画,悬挂于西藏寺院、宫殿、经堂之中,在宗教界美术界具有独特的地位,是珍贵的国宝。
   B. 唐卡最著名的流派是"门当"派和"青孜"派,"门当"派以严谨见长,"青孜"派以奔放活泼著称,其代表作品多见于当地不同寺院。
   C. 唐卡是在藏族绘画传统的基础上,汲取了汉族地区和印度、尼泊尔等绘画技艺,展示了西藏社会的变迁,是各族艺术家智慧的结晶。
   D. 唐卡是一种绘于布面的轴画,大小不等,风格各异,它融历史、知识、趣味、宗教、民风民俗于一炉,是藏族人民的"百科全书"。

2. 下列对唐卡制作工艺的理解,不符合原文意思的一项是(　　)
   A. 唐卡在色彩运用上讲究富丽,强调对比,追求金碧辉煌的效果。其最珍贵的佛像作品用珍珠镶嵌而成,银光闪闪,灿烂辉煌。
   B. 唐卡在画法上,有工笔重彩和白描两种,笔力精细饱满,强调动静结合,所画佛像身体各部位比例要求严格,构图严谨。
   C. 唐卡在制作方式上丰富多彩,有刺绣、织锦和贴花等。其作品制作周期长,手工工艺复杂,耗资多,工作量大。
   D. 唐卡在运笔上注重顿挫变化,刚柔相济,线条粗细有致,或粗犷有力,或圆润流畅,所绘形象栩栩如生,传神动人。

3. 下列理解,符合原文意思的一项是(　　)
   A. 唐卡距今已有1300多年的历史,经过一代又一代画师的不断创造,积累了丰富的经验,形成了自己独特的风格。
   B. 西藏最珍贵的唐卡珍藏在山南的昌珠寺,最大的唐卡珍藏在布达拉宫,这些唐卡均用珍珠镶嵌而成,价值极高,目前保存完好。
   C. 世界上最大的唐卡,描绘了藏传佛教各大教派的创始人形象。由佛像绘画大师扎西次仁设计,多吉裁剪缝制,是集各教派门户之见于一体的经典之作。
   D. 在布达拉宫珍藏的唐卡中,既有独立的佛像,也由一百多幅画组成的组画;既有人物传记画,还有宗教、建筑等图画,内容丰富,包罗万象。

(二)阅读下面的文章,完成4~7题。

### 行万里路,谋万家居:吴良镛院士

很难想象,这是一位年近90、中风愈后的老人的日常生活:每天早晨起床后把当天的安排写下来,思考研究课题等工作的进展,上午看书、看报纸,下午坚持做康复运动、练习书法,晚上处理教学事务、与研究生交流……

他就是最高科技奖获得者吴良镛。2012年2月14日上午,在人民大会堂的主席台中央,胡锦涛总书记把大红的2011年度国家最高科技奖的获奖证书交到了他的手中。

"我为什么要选择学建筑呢?这与早年的经历有关。"70多年前的那次大轰炸,吴良镛记忆犹新:1940年7月的一天,他刚在重庆合川二中参加完中学统考,日本的轰炸机就来了。一时间地动山摇,火光冲天,瓦砾遍地……三天后,他怀着"从事建筑行业、立志修整城乡",挥手作别合川,走进了中央大学建筑系。1945年末,吴良镛受梁思成先生之约,共赴清华大学协助筹办建筑系。1948年夏,经梁先生推荐,吴良镛赴美国匡溪艺术学院建筑与城市设计系深造。1950年,他收到梁思成、林徽因"新中国急需建设人才"的来信后,冲破重重阻挠,绕道香港回国,重新执教清华,孜孜不倦地探索具有中国特色的建筑设计与城乡规划之路,并创建了人居环境科学。

在数十年的理论研究与实践探索的基础上,融汇中外、贯通古今,创建了体现人类聚落及其环境的相互关系与发展规律的人居环境科学。1999年6月,在国际建协第20届世界建筑师大会上,时任大会科学委员会主席的吴良镛宣读了由他起草的《北京宪章》,并获得通过。作为国际建协成立50年来的首部宪章,凝聚着人居环境科学理论智慧的《北京宪章》成为指导新世纪世界建筑发展的重要纲领性文献,并以中、英、法、西、俄5种文字出版,获得了世界认可。

"吴先生不仅是一位科学理论研究者,更是一位建筑设计与城乡规划的实践者。"清华大学建筑学院院长朱文一说。"读万卷书,行万里路,拜万人师,谋万人居。"多年来,从首都北京到古城苏州,从海南三亚到云南丽江,从长三角到京津冀,吴良镛带领他的同事、助手们上下求索、学以致用,践行他"让人们诗意般、画意般地栖居在大地上"的人生理想。

到过苏州的人,莫不为新、旧相映生辉的人间天堂欣慰:旧城居中,四角留出湖泊与空地,楔形绿地沿山脉、水系插入市中心;新加坡工业园居东,开发区在西;城乡结合,园林式开放……10多年前,吴良镛用匠心妙手设计的"九宫格"布局,让"白发苏州"既保留了古旧的韵味,又焕发出新的活力。

曲阜孔子研究院、北京总体规划评估与战略研究、滇西北人居环境可持续发展规划研究、南水北调东线一期工程历史文化环境保护研究……从建筑到城市,从城市到区域,42项代表性实践项目,展现了吴良镛"匠人营国"的宏伟抱负,折射出他融"大科学""大人文""大艺术"于一体的人居环境科学的光芒。

2008年夏天,86岁的他不顾年事已高,到自己主持设计的南京红楼梦博物馆施工现场指导。在难耐的酷暑高温中,他突发脑梗(中风)。"在北京天坛医院,他苏醒后的第一件事,是把我招呼到跟前,嘱咐我要抓紧进行当时的一个研究课题——奥运前后对北京城市影响调查。"说到这里,朱文一嘘唏不已。

"少有的刻苦、渊博,少有的对事业的激情,少有的坚强"——这是60多年前林徽因先生对吴良镛的评价。面对当前的城乡发展,吴良镛说:"城与乡是一个事物的两面,城市化进程中不能忽视农业地区的发展,'美好人居环境与和谐社会共同缔造'离不开城乡统筹。现在对城市的研究已经较为深入,但对乡村的研究却显欠缺。中国古代的绘画艺术中有很好的传统,以既写实又具诗意的手笔将城乡整体所构成的山川秀美的大地景观表达出来。如:清明上河图、千里江山图等等。我们今天正是要从城乡发展的现实出发,谱写大地的新画卷!"

吴良镛是新中国建筑教育的奠基人之一,为城乡建设领域培养了大批骨干人才。他先后获得世界人居奖、国际建筑师协会屈米奖、亚洲建筑师协会金奖、陈嘉庚科学奖、何梁何利奖以及美、法、俄等国授予的多个荣誉称号。

4. 下列对传记有关内容的分析和概括,最恰当的两项是(　　　　)
   A. 2011年国家最高科技奖获得者吴良镛早年的经历,决定他后来成为一位建筑设计与城乡规划的实践者。
   B. 吴良镛毕生追求的就是要让全社会有良好的与自然相和谐的人居环境,让人们诗意般、画意般地栖居在大地上,他以这样的情怀安身立命、辛勤工作、行事为人。
   C. 吴良镛长期从事建筑与城乡规划基础理论、工程实践等发展研究,创立了人居环境科学及其理论框架。
   D. 受梁思成先生之约,吴良镛抱着一颗爱国之心,绕道香港,毅然回到祖国,重新执教清华,为城乡建设领域培养了大批骨干人才。
   E. 美好人居环境与和谐社会共同缔造离不开城乡统筹。现在对城市已经较为深入的研究,是以中国古代的绘画艺术的传统为基础的。
5. 文章第一段写吴良镛的生活习惯,请分析其作用。

6. 文章介绍吴良镛的主要成就有哪些方面?请简要概括。

7. 吴良镛作为一代科学大师,身上具备多种素质,请结合全文,谈谈你的理解。

# 囚绿记

## 一、基础训练

1. 下列选项中加点的字注音全对的一项是（　　）。
   A. 陆蠡（lǐ）　　涸（hé）辙　　揠（yàn）苗助长　　淅（xī）沥
   B. 猗（yī）郁　　抑（yì）郁　　蕈（xùn）菌　　婆娑（suō）
   C. 瞥（piē）见　　茎（jǐng）叶　　纤（xiān）细　　脉络（luò）
   D. 移徙（xǐ）　　葱茏（lóng）　　囚系（jì）　　嵌（qiàn）着

2. 下列句子中有两个错别字的一项是（　　）
   A. 我快活地坐在我的窗前。度过了一个月，两个月，我留恋于这片绿色。我开始了解度越沙漠者望见绿洲的欢喜。
   B. 我占据着高广不过一丈的小房间，砖铺的潮湿的地面，纸糊的墙壁和天花板，两扇木格子嵌玻璃的窗。
   C. 在七月中旬，不能再留恋于烽烟四逼中的旧都，火车已经断了数天，我每日需得留心开车的消息。
   D. 圆窗外面长着常春藤。当太阳照过它繁密的枝叶，透到我房里来的时候，便有一片绿影。

3. 依次填入下文标号处的标点符号正确的一组是（　　）。
   　　如果你走近细看，就会看出战士们的苦心①他们是用手电筒灯泡涂了红漆，做成小白兔的眼睛②把瓶口切下来，镶上花瓷碗片，做成了蝴蝶翅上的花点③就是在那漱口池里，也砌了红日、雄鸡和"早晨好"的祝词④正像战士诗里说的"园地道路作锦绸，摆花好似坐绣楼⑤这里的一花一叶，都渗透着战士们的汗水和深情。"

   |   | ① | ② | ③ | ④ | ⑤ |
   |---|---|---|---|---|---|
   | A. | 。 | ； | ； | ： | " | ， |
   | B. | ： | ； | ； | 。 | " |
   | C. | ： | 。 | 。 | ： | " |
   | D. | ： | ； | ； | " | ， |

4. 依次填入横线处的词语，恰当的一项是（　　）。
   ① 终身教育改变了学校教育的功能，拿了毕业证并不意味着学习_____。
   ② 由于环境污染和一些人为的原因，阿尔巴斯白山羊绒的品质在_____。
   ③ 没有_____过人生的苦辣，又怎能懂得长辈们创业的艰难呢？
   A. 终止　蜕化　体验　　B. 中止　退化　体验
   C. 中止　蜕化　体味　　D. 终止　退化　体味

5. 下列句子中加点成语使用正确的一项是（　　）
   A. 他与这个有杀父之仇的敌人展开了一场不共戴天的斗争。
   B. 现在，我国打出自由撰稿人招牌的作家依然寥若星辰。

C. 年逾不惑的二月河,创作了《康熙大帝》,终于在文坛崭露头角。

D. 在学习中遇到关键问题不求甚解是要吃苦头的。

6. 下列各句中意思明确,没有语病的一项是(　　)

A. 周谷城先生早年投身五四运动,所以最终成为蜚声海内外的著名学者、历史学家。

B. 我们一定要上好语文课,因为语文课是人们用以交流思想的不可缺少的工具。

C. 金秋八月,丹桂飘香,美丽的北戴河海滨张开她热情的臂膀,迎来了宇航夏令营的少年朋友。

D. "春兰杯"第十届亚洲象棋锦标赛昨日在江苏泰州落幕,中国男队笑捧金杯,夺得十连冠。

7. 下面的句子有两处前后脱节,请在相应的序号处添加必要的词语,使之完整连贯。

①文人与民间创作结合,②中国小说呈现了重视情节的特点。③重视写情节并不意味着忽视写人物,④要通过情节表现人物,⑤以外在的情节动作来表现人物的内心活动和精神状态。

答:在_____处补上_____,在_____处补上_____。

8. 在下面句中的空格上填入适当的词或短语,使全句更加生动形象。

我怀念 _____ 小溪,_____ 鹅卵石,_____ 少女,_____ 鸭子。(每空不超过10字)

## 二、课文练习

**(一) 阅读下面的段落,回答1~5题。**

绿色是多宝贵的啊!它是生命,它是希望,它是慰安,它是快乐。我怀念着绿色把我的心等焦了。我欢喜看水白,我欢喜看草绿。我疲累于灰暗的都市的天空和黄漠的平原,我怀念着绿色,如同涸辙的鱼盼等着雨水!我急不暇择的心情即使一枝之绿也视同至宝。当我在这小房中安顿下来,我移徙小台子到圆窗下,让我面朝墙壁和小窗。门虽是常开着,可没人来打扰我,因为在这古城中我是孤独而陌生的。但我并不感到孤独。我忘记了困倦的旅程和已往的许多不快的记忆。我望着这小圆洞,绿叶和我对语。我了解自然无声的语言,正如它了解我的语言一样。

我快活地坐在我的窗前。度过了一个月,两个月,我留恋于这片绿色。我开始了解渡越沙漠者望见绿洲的欢喜,我开始了解航海的冒险家望见海面飘来花草的茎叶的欢喜。人是在自然中生长的,绿是自然的颜色。

我天天望着窗口常春藤的生长。看它怎样伸开柔软的卷须,攀住一根缘引它的绳索,或一茎枯枝;看它怎样舒开折叠着的嫩叶,渐渐变青,渐渐变老。我细细观赏它纤细的脉络,嫩芽,我以揠苗助长的心情,巴不得它长得快,长得茂绿。下雨的时候,我爱它淅沥的声音,婆婆的摆舞。

1. 用一句话概括这几段文字的主要内容。

2. "我了解自然无声的语言,正如它了解我的语言一样。"这句话表达了作者什么样的感情?从下文"囚绿"的内容来看,我真的了解绿吗?

3. "人是在自然中生长的,绿是自然的颜色。"这句话的言下之意是什么?

4. 这几段文字中有许多表现作者心理感受的句子,选择一处进行赏析。

5. 结合全文内容来看,作者赞美常春藤的绿与《绿》一文中朱自清赞美梅雨潭的绿所表达的情感有什么不同之处?

(二) 阅读《囚绿记》和《爬上窗台的绿色》,回答6~12题。

### 爬上窗台的绿色

① 窗台在二楼,那晌午里散着泥土芳香、夜晚嚼着寒露沁凉的绿色就顺着我家的门铃线义无反顾地爬了上来。不知不觉间,一线的绿色和点缀其间的串串白花便搭在了小院上空,并在窗台前探头探脑,映照出一户庭院的温馨与恬静。

② 望着这线积极蓬勃的生命,真让人心情爽快并急于俯向贴面的绿色。也许,这正是绿色爬上窗台的唯一心愿吧。

③ 确切地说,这束绿色来自一株黄瓜和一株莓豆。早在夏天它们就兄弟样并肩挽手攀缘于小院南侧,在这个无风无雨的夏季艰辛地生长着,暑气和干旱丝毫没有抵消它们坚强向上的意志,它们的信念,永远是忠诚于脚下这片临时堆砌的菜园和我那朝夕呵护的妻子。除了寒冬,已经没有什么能让这群绿色在小院中消失,尤其在秋天,远离了燥夏的绿色反而越加显现出遮掩不住的郁葱,在院落、窗台无声地抖动着朗朗秋波。

④ 这时爬上窗台的绿色犹如举向天空的思想和灵感,带着大地和秋天独有的体温,干脆利落地扑向你,让人觉得这绿色从一开始就是为了在这里等着你,让你怦然心动,让你热身奔涌。

⑤ 仰望天空,仰望这线执着的绿色,总令我心旷神怡,思绪万端,无以言说的沟通感拓展着我,也分解着我。它与我们一样,也向往自由,追逐光明,真心热爱脚下的一方水土和苦乐生活呀。有谁能说自然是冷漠的、无情的？江水奔流不息,倾诉的是自己澎湃的波涛;树木傲雪参天,挺拔的是自己无边的苍翠。而我一直相信在宇宙规律的作用下,世间万物都有生命有情感有思维,你无法评说谁更伟大谁更渺小谁更补益于对方。就像今晚,秋空如洗,夜凉如水,银河横波,一盘银月垂至天幕中央,说不出是欲升欲沉还是欲远欲近,最主要的是我无法忽略窗台前的这浅绿色,它笼在迷人的夜色里,梯次排开的豆荚和瓜纽如同披上一身轻纱,轮廓分明地在秋风下回忆曾经汗流浃背的夏天的火热,算计着丰硕的收成,说不定一声秋虫的低吟浅唱就成全了豆荚们瓜纽们酝酿了整夏的爱情,刚刚坠入甜蜜的小生命于是急不可待地探出绿色的小手敲打窗子,要把一肚子的幸福与快乐说给你听。

⑥ 若是响午呢,前提是阳光并不火辣,只是响脆脆地跌在这浅绿色上,那些叶呀瓜呀豆呀的心情和爱情虽被一夜寒露湿透,却能在顷刻间还你会飞的欢笑与娇媚。就在不远处,建筑工地上不知歇息的轰鸣,也因了这绿色的宁静抚慰而富有节奏感。绿色,就这样以生的迫切、力量和宁静,同时给了我们视觉和听觉上的冲动愉悦。

⑦ 终于爬上窗台了,为实现这个简洁纯真的心愿,黄瓜和莓豆共同托举着绿色,克服了来自韭菜、芹菜、油菜等园内其他蔬菜的嫉妒嘲讽,选择唯一向上的道路来到我的窗前,让绿荫、生机、果实、清新悄然挤进房间的每一个角落,它相信有爱的地方就应该有绿色,有家的地方就该布满生机。这时候,绿色的内心便会感到不虚此行,并以芬芳的花蕾和沉实的种子重新构思着盎然的激情。

6. 联系上下文,说说《囚绿记》第 8 段中"忽然有一种自私的念头触动了我"和《爬上窗台的绿色》第 7 段中"为实现这个简洁纯真的心愿"中的"自私念头"和"简洁纯真的心愿"分别指什么？

① 自私念头:

② 简洁纯真的心愿：

7.《囚绿记》第 10 段说"植物是多固执啊"，其固执体现在：

《爬上窗台的绿色》第 5 段说"仰望这线执着的绿色"，其执着体现在：

8. 通读全文，说说两篇文章中的"绿色"分别具有什么样的精神品质。
《囚绿记》：

《爬上窗台的绿色》：

9.《囚绿记》赞美的是绿色，文章的开头为什么要交代公寓的简陋？而《爬上窗台的绿色》赞美的绿色来自黄瓜和莓豆，文章的结尾为什么又写"芹菜、韭菜、油菜"？

10. 联系上下文，说说下列句子中加点词语的表达效果。
① 我好像发现了一种"生的欢喜"，超过了任何种类的喜悦。

② 那响午里散着泥土芳香、夜晚嚼着寒露沁凉的绿色就顺着我家的门铃线义无反顾地爬了上来。

11.《囚绿记》第 9 段中运用了_____的记叙顺序,其作用是:




12."绿色"一词在生活中还被赋予了很多新的内涵,如"绿色通道"中的"绿色"主要指安全、畅通不受任何阻碍。请你再举一例并说明它的其他新内涵。

例子:



内涵:



三、课外拓展练习

阅读下面的文章,回答 1~4 题。

## 书房花木深

### 冯骥才

一天忽发奇想,用一堆木头在阳台上搭一座木屋,还将剩余的板子钉了几只方形的木桶,盛满泥土,栽上植物,分别放在房间四角。鲜花罕有,绿叶为多。

渐渐的这间搭在阳台上的木屋成了花房。但得不到我的照顾。我只是在想起给那些植物浇水才提着水壶进去,没时间修葺与收拾。房内四处的花草便自由自在、毫无约束地疯长起来。从云南带回来的田七,张着耳朵大的碧绿的圆叶子,沿着墙面向上爬,像是"攀岩";几棵年轻又旺足的绿萝已经蹿到房顶,一直钻进灯罩里;最具生气的是窗台那些泥槽里生出的野草,已经把窗子下边一半遮住,上边一半又被蒲扇状的葵叶黑乎乎地捂住。由窗外射入的日光便给这些浓密的枝叶撕成一束束,静静地斜在屋子当中。一天,两只小麻雀误以为这里是一片天然的树丛,从敞着的窗子叽叽喳喳地飞了进来。我怕惊吓它们,不走进去,它们居然在里边快乐地鸣唱起来了。

一下子,我感受到大自然野性的气质,并感受到大自然的本性乃是绝对的自由自在。我便顺从这个逻辑,只给它们浇水,甚至还浇点营养液,却从不人为地改变它们。于是它们开始创造奇迹——

首先是那些长长的枝蔓在屋子上端织成一道绿莹莹的幔帐。常春藤像长长的瀑布直垂地面,然后在地上愈堆愈高。绿萝是最调皮的,它在上上下下胡乱"行走"——从桌子后边钻下去,从藤椅靠背的缝隙中伸出鲜亮的芽儿来。几乎每次我走进这房间,都会惊奇地发现一个画面:一些凋落的粉红色的花瓣落满一座木佛身上;几片黄叶盖住桌上打开的书;一次,我把水杯忘在竹几上,一枝新生的绿蔓从杯柄中穿过,好似一弯娇嫩的手臂挽起我的水杯。于是,在我写作过于劳顿之时,或在画案上挥霍一通水墨之后,便会推开这房间的门儿,撩开密叶纠结的垂幔,独坐其间,让这种自在又松弛的美,平息一下写作时心灵中涌动的风暴。以前我一直认为写作是一种忘我的想象,只有离开写作才能回到现实来。这间小屋却告诉我,我的写作往往十分尖刻地切入现实,放下笔坐在这里享受到的反倒是一种理想。

我被它折服了,并把这种感受告诉一位朋友。朋友说:"何必把现实与理想分得太清楚。你们不满现实是因为你们太理想主义。你们的问题是总用理想要求现实,因此你们常常被现实击倒在地。这因为你们天生是一群理想主义者。"

于是当我坐在这间花木簇拥的木屋中,心里常常会蹦出这么一句话:

我们是天生用理想来生活的人!

(节选自 2007 年第 12 期《读者》)

1. "我"本来是想把这间木屋作为新辟的书房,但坐在那里却写不出东西,请帮作者解释一下原因。

2. 文章语言生动形象,富有表现力,试举例进行具体说明。

3. 结合文章内容,说说"我们是天生用理想来生活的人!"的含义。

4. 作者对待花草的态度是顺其自然,由此得到的收获是什么?陆蠡"囚绿"的结果是什么?

# 我有一个梦想

## 一、基础训练

1. 给下列加点字注音。

   镣铐(　　)　　桎锁(　　)　　骇人听闻(　　)　　给予(　　)　　磐石(　　)
   义愤填膺(　　)　　蜕变(　　)　　挫折(　　)　　匿迹(　　)　　曲折(　　)

2. 根据拼音和前后字填写出下面的汉字。

   签 shǔ(　　)　　liào(　　)铐　　萎 suō(　　)　　hài(　　)人听闻
   dì(　　)造　　duì(　　)现　　pán(　　)石　　义愤填 yīng(　　)
   tuì(　　)变　　shú(　　)罪　　真 dì(　　)　　绿 zhōu(　　)

3. 下列各组词语中,没有错别字的一项是(　　)。

   A. 镣铐　　萎缩　　坚如磐石　　草拟宪法
   B. 戳子　　桎锁　　安之若素　　义愤填膺
   C. 侈谈　　赎罪　　冰雪覆盖　　倍受压榨
   D. 蜕变　　蜿蜒　　挟手并进　　镇静剂

4. 解释下列成语。

   ①骇人听闻：
   ②义愤填膺：
   ③安之若素：
   ④心急如焚：
   ⑤息息相关：
   ⑥无济于事：
   ⑦不言而喻：

5. 下列加点的虚词,运用不当的一句是(　　)

   A. 当我们行动时,我们必须保证向前进。
   B. 在争取合法地位的过程中,我们不要采取错误的做法。
   C. 现在决非侈谈冷静下来和服用渐进主义的镇静剂的时候。
   D. 这个梦想是深深扎根于美国的梦想中的。

6. 下列横线上依次填入的词语,最恰当的一项是(　　)。

   ①就某种意义而言,今天我们是为了要求_____诺言而汇集到我们国家的首都来的。
   ②我们不能_____我们的具有崭新内容的抗议蜕变为暴力行动。
   ③我梦想有一天,我的四个孩子将在一个不是以他们的肤色,而是以他们的品格优劣来_____他们的国度里生活。

   A. 兑现　　容许　　评价　　　B. 实现　　容许　　评论
   C. 兑现　　容忍　　评论　　　D. 实现　　容忍　　评价

7. 下列加点词语使用不恰当的一项是（　　）
   A. 我们共和国的缔造者草拟宪法和独立宣言的气壮山河的词句时,曾向每一个美国人许下了诺言……
   B. 因为我们的许多白人兄弟已经认识到,他们的命运与我们的命运是紧密相连的,……他们的自由与我们的自由是休戚相关的。
   C. 我们认为这些真理是不言而喻的,人人生而平等。
   D. 但有朝一日,那里的黑人男孩和女孩将能与白人男孩和女孩情同骨肉,携手并进。

8. 下列句子中使用的修辞手法,分类恰当的一项是（　　）
   ①它之到来犹如欢乐的黎明,结束了束缚黑人的漫漫长夜。
   ②我梦想有一天,幽谷上升,高山下降,坎坷曲折之路成坦途。
   ③有了这个信念,我们将能一起工作,一起祈祷,一起斗争,一起坐牢,一起维护自由。
   ④终于自由啦!终于自由啦!感谢全能的上帝,我们终于自由啦!
   ⑤美国没有履行这项神圣的义务,只是给黑人开了一张空头支票。
   ⑥现在是决非侈谈冷静下来或服用渐进主义的镇静剂的时候。
   ⑦现在是把我们的国家从不平等的流沙中拯救出来,置于兄弟情谊的磐石之上的时候。
   ⑧我们将能把这个国家刺耳的争吵声,改变成为一支洋溢手足之情的优美交响曲。
   A. ①⑤⑥⑦⑧/②/③/④　　　B. ①⑧/②/③④/⑤⑥⑦
   C. ①⑤⑥/②/③④/⑦⑧　　　D. ①/②③④/⑤⑥⑦/⑧

9. 一百年前,一位伟大的美国人签署了《解放黑奴宣言》,今天我们就是在他的雕像前集会。<u>这一庄严宣言犹如灯塔的光芒,给千百万在那摧残生命的不义之火中受煎熬的黑奴带来了希望</u>。说说画横线的语句所用的修辞手法及其表达效果。

10. "自由和平等的爽朗的秋天如不到来,黑人义愤填膺的酷暑就不会过去"中"爽朗的秋天"和"酷暑"所运用的修辞手法及其表达作用分别是什么?

11. "美国没有履行这种神圣的义务,只是给黑人开了一张空头支票,支票上盖着'资金不足'的戳子后便退了回来,但是我们不相信正义的银行已经破产。"这里的"空头支票"指什么?这样表达有什么效果?

## 二、课外拓展练习

阅读下面的文章,回答1~4题。

### 伏尔泰(摘录)

#### 雨　果

　　一百年前的今天,一颗巨星陨落了,但他是永存的。他离开人世时已年登耄耋,他著述极富,肩负着最荣耀也最艰巨的责任,那就是:培育良知,教化人类。他在咒骂与祝福声中溘然长逝;被旧时代所诅咒,又受到未来的祝福。这二者都是至高无上的光荣。他不仅是一个人,他是整整一个时代。

　　这位伟人所生活的84个年头,经历了达到极点的专制时期和刚刚露出一线晨曦的革命年代。他诞生时,路易十四尚在王位,他去世时,路易十六已经戴上了王冠。他的襁褓映照着王朝盛世的余晖,他的灵柩则投射着从大深渊里透出的最初光芒。

　　在这轻薄无聊,凄惨忧郁的时势下,伏尔泰独自一人,面对宫廷、贵族和资本家的联合力量,面对那股毫无意识的强力——群盲;面对那些无恶不作的官吏,他们专门媚上欺下,俯伏于国王之前,凌驾于人民之上;面对那些教士,他们是伪善与宗教狂的邪恶混合体。让我再说一遍,伏尔泰独自一人,向社会上一切邪恶的联合力量宣战,向这茫茫的恐怖世界宣战,并与之搏斗。他的武器是什么呢?是那轻若微风而重如霹雳的一支笔。

　　他用这武器进行战斗,用这武器赢得胜利。

　　让我们一齐向伏尔泰的英灵致敬吧!

　　伏尔泰胜利了。他发动了一场非同寻常的战争,一场以一敌众的战争,一场气壮山河的战争。这是思想向物质作战,理性向偏见作战,正义向不义作战,被压迫者向压迫者作战;这是善之战,仁爱之战。伏尔泰具有女性的温柔和英雄的怒火,他具有伟大的头脑和浩瀚无际的心胸。

　　他战胜了陈旧的秩序和陈旧的教条,他战胜了封建君主、中古时代的法官和罗马的教士。他把黎民百姓提高到尊严的地位。他教化、慰抚、播种文明。他承受了一切威胁、辱骂、迫害、毁谤。他还遭到了流放。但是他不屈不挠,坚定不移。他以微笑战胜暴力,以讽刺战胜专横,以嘲弄战胜宗教的自命一贯正确,以坚韧战胜顽固偏执,以真理战胜愚昧无知。

　　我刚才说到微笑,我要在这里停一停。微笑,这就是伏尔泰!

　　在伏尔泰之前,只有以某国元首来命名时代的先例。伏尔泰比国家元首更高,他是各派思想的元首,一个新的纪元以伏尔泰开始。从此我们感到,最高的统治力量就是让一切被理性思考。文明曾服从于武力,以后,文明将服从于思想。王权和宝剑折断了,光明取而代之。这就是说,权威已经变换为自由。自此以往,高于一切的是人民的法律和个人的良心。作为一个人,我们要行使权利;作为一个公民,我们要恪尽职责。对于我们每一个人来说,这两方面的进步是明确分开的。

　　让我们在他神圣的墓前鞠躬致敬。……让18世纪来帮助19世纪吧。

《历史上最伟大的演说辞》<br>译者:王杭、云丽春等

1. 作者认为伏尔泰"是整整一个时代"的原因是什么?




2. 伏尔泰的"微笑"表现了他哪三个方面的特点?请简要回答。




3. "一个新的纪元"指_____的新纪元。
4. 下列说法中,与原文不符的两项是(    )
   A. 本文是一篇演讲稿,是雨果为纪念法国著名启蒙思想家和杰出的讽刺作家伏尔泰逝世100周年在伏尔泰墓前发表的演讲。
   B. 路易十四时代之后,法国进入了伏尔泰时代。
   C. 伏尔泰除了面对一切敌人之外,还要面对没有觉醒、愚昧落后、没有文化的群盲的"强力"。
   D. 作为一个公民既要行使权利又要履行义务,在这两方面都必须取得进步。这也是伏尔泰对每个人提出的要求。

# 就任北京大学校长之演说

## 一、基础训练

1. 下列词语中加点字的注音完全正确的一项是（　　）。
   A. 塞(sāi)责　　贻(yí)误　　孜孜(zī)以求
   B. 商榷(què)　　弭(mǐ)谤　　鲜(xiān)为人知
   C. 当轴(zhóu)　　相勖(xù)　　大有裨(pì)益
   D. 訾詈(lì)　　敷衍(yǎn)　　有案可稽(jī)

2. 下列句子中加点的词语，解释错误的一项是（　　）
   A. 入法科者尽可肄业(肄业:就学)法律学堂，入商科者亦可投考商业学校。
   B. 二曰砥砺(砥砺:培养)德行。
   C. 今日所与诸君陈说者只此，以后会晤日长，随时再为商榷(商榷:商讨)可也。
   D. 余到校视事仅数日，校事多未详悉(详悉:详细知道)。

3. 下列句子中，划横线的成语，运用错误的有哪些？试指出错在哪里。
   ①有些人把入党看作做官的<u>终南捷径</u>，这种思想和共产主义是毫不相干的。

   ②我为这事花了很多精力，虽然没办好，却<u>问心无愧</u>。

   ③面对这种混乱腐败的现状，我们能够<u>无动于衷</u>吗？

   ④小张帮助李老师把东西搬上七楼，这是小张<u>责无旁贷</u>的责任。

   ⑤老同学之间，可得<u>开诚布公</u>，不许隐瞒实情啊。

## 二、课内练习

**阅读下面的段落，回答1~8题。**

　　一曰抱定宗旨。诸君来此求学，必有一定宗旨，欲知宗旨之正大与否，必先知大学之性质。今人肄业专门学校，学成任事，此固势所必然。而在大学则不然，大学者，研究高深学问者也。外人每指摘本校之腐败，以求学于此者，皆有做官发财思想，故毕业预科者，多入法科，入文科者甚少，入理科者尤少，盖以法科为干禄之终南捷径也。因做官心热，对于教员，则不问其学问之浅深，唯问其官阶之大小。官阶大者，特别欢迎，盖为将来毕业有人提携也。现在我国精于政法者，多入政界，专任教授者甚少，故聘请教员，不得不聘请兼职之人，亦属不得已之举。究之外人指摘之当否，姑不具论。然弭谤莫如自修，人讥我腐败，而我不腐败，问心无愧，于我何惧(损)？果欲达其做官发财之目的，则北京不少专门学校，入法科者尽可肄业于法律学堂，入商科者亦可投考商业学校,又何必来此大学?所以诸君须抱定宗旨,为求学而来。入法科者,非为做官;入商科者,非为致富。宗旨既定,自趋正轨,诸君肄业于此,或三年,或四年,时间不为不多,苟能爱惜光阴,孜孜求学,则其造诣,容有底止。若徒志在做官发财,宗旨既乖,趋向自异。平时则放荡冶游,考试则熟读讲义,不问学问之有无,唯争分数之多寡;试验既终,书籍束之高阁,毫不过问,敷衍三四年,潦草塞(sè)责,文凭到手,即可借此活动于社会,岂非与求学初衷大相背驰乎?光阴虚度,学问毫无,是自误也。且辛亥之役,吾人之所以革命,因清廷官吏之腐败。即在今日,吾人对于当轴多不满意,亦以其道德沦丧。今诸君苟不于此时植其基,勤其学,则将来万一因生计所迫,出而任事,担任讲席,则必贻误学生;置身政界,则必贻误国家。是误人也。误己误人,又岂本心所愿乎?故宗旨不可以不正大。此余所希望于诸君者一也。

1. 文章说"一曰抱定宗旨"。那么蔡元培先生要青年学生抱定什么样的宗旨?

2. 根据文章的主旨,体会下面句子的含义和感情。
今诸君苟不于此时植其基,勤其学,则将来万一因生计所迫,出而任事,担任讲席,则必贻误学生;置身政界,则必贻误国家。是误人也。误己误人,又岂本心所愿乎?故宗旨不可以不正大。

3. 蔡元培先生在这里指出的北京大学多年来的弊端,这弊端是什么?根据文章内容,联系当时的社会现实,请你探究一下,产生北京大学多年弊端的原因是什么?

4. 下列句中加点词解释错误的一项是(　　)
  A. 弭谤莫如自修　　　　　　修:加强修养。
  B. 盖以法科为干禄之终南捷径也　干:追求、求。
  C. 宗旨既乖,趋向自异　　　　乖:乖巧,合理。
  D. 置身政界,则必贻误国家　　贻:遗留。

5. 下列句中加点字的意义、用法相同的一项是(　　)。
　　A. 此固势所必然　　　　　　　　固步自封
　　B. 究之外人指摘之当否，姑不具论　　姑妄听之
　　C. 苟能爱惜光阴　　　　　　　　苟安一时
　　D. 若徒志在做官发财　　　　　　徒有虚名

6. 作者在文中批评了哪些不正确的求学"宗旨"？他认为求学的终极目的是什么？

7. 如何理解"诸君肄业于此，或三年，或四年，时间不为不多，苟能爱惜光阴，孜孜求学，则其造诣，容有底止"这句话的含意？

8. 作者在文中对当时北大学子提出的希望有着积极的现实意义，这种意义在今天有无价值？谈谈你的认识。

### 三、课外拓展练习

阅读下面的文章，回答1～4题。

#### 为学与做人(有删节)

##### 梁启超

问诸君为什么进学校，众人会答为求学问。再问为什么求学问，各人答案就会不同，或者竟自答不出了。诸君啊！我请替你们答一句吧："为学做人。"

人类心理有知、情、意三部分。这三部分圆满发达的状态，我们先哲称之为三达德——智、仁、勇。为什么叫"达德"？因为这三事是人类普通道德标准，总要三者具备，才能成一个人。

三件的完成状态如何?孔子曰:"知者不惑,仁者不忧,勇者不惧。"所以教育应分为知育、情育、意育三方面。都应以这三件为究竟。

怎么样才能不惑?最要紧是养成我们的判断力。第一,须有相当常识,进一步,对于自己要做的事须有专门智识,再进一步,还要有遇事能断的智慧。假如一个人连常识都没有。听见打雷,说是雷公发威,看见月食,说是蛤蟆贪嘴,那么,一定闹到什么事都没有主意,碰着一点疑难问题,就靠求神问卜看相去解决,真所谓"大惑不解"成了最可怜的人了。学校里小学所教,就是要人有了许多基本的常识,免得凡事都暗中摸索。但仅有点常识还不够,我们做人,总要各有一件专门职业。这就是专门学识。但专靠这常识和学识还不够,还须养成总体智慧,才能得有根本判断力。以上所说常识和总体智慧,都是智育要件,目的是教人做到"知者不惑"。

怎么才能不忧?为什么仁者会不忧?想明白这个道理,先要知中国先哲人生观怎样。"仁"之一字,儒家人生观的全体大都包含在里头。大凡忧之所从来,不外两端,一曰忧成败,二曰忧得失。我们得着"仁"的人生观,就不会忧成败。为什么呢?因为我们知道宇宙和人生是永远不会圆满的,正为在这永远不圆满的宇宙中,才永远容得我们创造进化。我们所做的事,不过在宇宙进化几万万里的长途中,往前挪一寸,两寸,哪里配说成功呢?然则不做怎么样呢?不做则一寸两寸都不挪,那可真正失败了。仁者看透这一理,信得过只有不做事才算失败,肯做事便不会失败。故《易经》说君子以自强不息。再者,我们得着"仁"的人生观,便不会忧得失。为什么?因为认定这东西是我的,才有得失之可言。连人格都不是单独存在,不能明确划分,然则哪里有东西可为我们所得?既无所得,当然无所失。我只是为学问而学问,为劳动而劳动,并不是拿学问劳动等做手段来达某种目的——可以为我们所得的。你想有这种人生观的,还有何得失可忧?

怎么样才能不惧?有了不惑不忧功夫,惧当然会减少许多了。但这属于意志方面的事。一个人若是意志力薄弱,便有丰富智识,临时也会用不着,便有优美的情操,临时也会变了卦。然则意志怎么才会坚强呢?头一件须要心地光明。孟子说浩然正气,至大至刚。人人要保持勇气,须要从一切行为可以公开做起,这是第一。第二要不为劣等欲望之所牵制。一被物质上无聊的嗜欲东拉西扯,那么百炼钢也会变为绕指柔了。总之,一个人意志由刚强变柔弱易,由柔弱返刚强难。自己做不起自主,还有何事可做?只有奋斗,才可得自由。意志磨炼到家,自然是看自己应做之事,一点也不迟疑,扛起来便做,"虽千万人吾往矣"。这样才算顶天立地做一世人,绝不会有左支右绌的丑态。这便是意育目的,教人做到"勇者不惧"。

诸君啊!你现在怀疑吗?沉闷吗?悲哀痛苦吗?觉得外面压迫你不能抵抗吗?我告诉你,便是你因不知才会惑;你悲哀痛苦,便是你因不仁才会忧;你觉得你不能抵抗外界压迫,便是你因不勇才有惧。这便是你的知、情、意未经过修养磨炼,所以你还未成个人。我盼望你有痛切的自觉啊!有了自觉,自然会自动。

诸君啊,醒醒罢!你成不成人,就看这几年哩!

1922 年 12 月

1. 作者认为为学与做人应是什么关系？"成一个人"的标准是什么？

2. 作者认为"怎么样才能不惑"？"仁者不忧"的原因又是什么？试各分点概括。

3. 本文主体部分的论述和论证有何特点？这样写有何作用？

4. 最后两节运用了哪些修辞手法？试分析其表达作用。

# 第二单元 文言文鉴赏

## 寡人之于国也

**一、基础训练**

1. 给加点字注音。
   移其粟（　　）　　弃甲曳兵（　　）　　数罟（　　）（　　）
   鸡豚狗彘之畜（　　）（　　）（　　）　　庠序（　　）
   孝悌（　　）　　饿莩（　　）　　洿池（　　）

2. 出自《寡人之于国也》的两个成语是（　　　　）、（　　　　）。

3. 翻译下列句子。
   ①邻国之民不加少,寡人之民不加多,何也?
   译文:

   ②谨庠序之教,申之以孝悌之义。
   译文:

   ③是何异于刺人而杀之,曰:"非我也,兵也"?
   译文:

4. 加点字注音无误的一项是（　　）。
   A. 曳兵(yè)　　数罟(cù gǔ)　　洿池(wū)
   B. 鸡豚(tún)　　狗彘(zhì)　　庠序(yǎng)
   C. 孝悌(tì)　　饿莩(piáo)　　供养(gōng)
   D. 衣帛(yī)　　王天下(wàng)　　不可胜用(shēng)

5. 下列加点的字的解释正确的一项是（　　）。
   A. 河内凶(有战乱)
   B. 邻国之民不加(增加)少
   C. 填然鼓之(代词,代"鼓")
   D. 弃甲曳(拖着)兵而走

6. 下列加点字解释有误的两项是（　　）。
   A. 或百步而后止:有的人
   B. 直不百步耳:只有,不过
   C. 王无罪岁:罪过
   D. 邻国之民不加少:更加
   E. 涂有饿莩而不知发:出发

F. 非我也,岁也:年成

7. 下列句中加点字意思完全相同的一组是( )。

A. {是亦走也 / 无乃尔是过与}   B. {此所谓战胜于朝廷 / 谷不胜食也}

C. {弃甲曳兵而走 / 齐兵乃出}   D. {狗彘食人食而不知检 / 虎求百兽而食之}

8. 选出与例句中加点字用法不同的一句( )
   黎民不饥不寒,然而不王者。
   A. 七十者衣帛食肉。
   B. 填然鼓之。
   C. 王无罪岁。
   D. 是使民养生丧死无憾也。

9. 下列各句中加点的词与现代汉语意思不相同的一项是( )
   A. 察邻国之政,无如寡人之用心者。
   B. 是使民养生丧死无憾也。
   C. 颁白者不负戴于道路矣。
   D. 河内凶,则移其民于河东。

10. 下列各句中加点的词语,与现代汉语用法相同的一项是( )
    A. 养生丧死无憾,王道之始也。
    B. 五亩之宅,树之以桑,五十者可以衣帛矣。
    C. 夫颛臾,昔者先王以为东蒙主。
    D. 王无罪岁,斯天下之民至焉。

11. 下列各句中有词类活用现象的一句是( )。
    A. 请以战喻
    B. 寡人之于国也
    C. 王无罪岁
    D. 是何异于刺人而杀之

12. 选出没有通假字的一项( )
    A. 则无望民之多于邻国也。
    B. 不可,直不百步耳。
    C. 颁白者不负戴于道路矣。
    D. 明日,徐公来,孰视之。

13. 下列句中没有通假字的一项是( )。
    A. 颁白者不负戴于道路矣
    B. 涂有饿莩而不知发
    C. 无失其时,七十者可以食肉矣
    D. 谨庠序之教

14. 选出与"谷不可胜食也"的"也"用法相同的一项( )。
    A. 寡人之于国也,尽心焉耳矣

B. 寡人之民不加多,何也

C. 然而不王者,未之有也

D. 人死,则曰:"非我也,岁也。"

15. 对下列各句中"之"的分类正确的一项是(    )。

①斯天下之民至焉

②鸡豚狗彘之畜

③树之以桑

④未之有也

⑤邻国之民不加少

A. ①②⑤/ ③/④

B. ①③⑤/ ②/④

C. ①②④/ ③⑤

D. ①②⑤/ ③④

16. 下列句中的"于"作"比"讲的一项是(    )。

A. 寡人之于国也

B. 移其粟于河内

C. 则无望民之多于邻国也

D. 颁白者不负戴于道路矣

17. 选出下列句中加点字意义和用法与例句相同的一项(    )。

例句:树之以桑。

A. 王好战,请以战喻

B. 以五十步笑百步

C. 斧斤以时入山林

D. 申之以孝悌之义

18. 选出下列句式不同于其他三项的一项(    )

A. 未之有也。

B. 是使民养生丧死无憾也。

C. 是社稷之臣也。

D. 是亦走也。

19. 选出下列句式不同于其他三项的一项(    )

A. 无乃尔是过与。

B. 又何求焉。

C. 夫晋,何厌之有。

D. 昔者先王以为东蒙主。

20. 与"然而不王者,未之有也"句式相同的一项是(    )

A. 我孰与城北徐公美?

B. 马之千里者,一食或尽粟一石。

C. 噫!微斯人,吾谁与归?

D. 颁白者不负戴于道路矣。

21. 选出下列文化常识表述有误的一项（　　）
   A. 河内凶，"河内"指黄河以北。
   B. 谨庠序之教，"庠""序"都指学校，商代叫"序"，周代叫"庠"。
   C. 申之以孝悌之义，"孝"指尊敬父母，"悌"指敬爱兄长。
   D. 丘也闻有国有家者，"国"指国家，"家"指家庭。

22. 选出与"申之以孝悌之义"句式不同的一项（　　）。
   A. 是何异于刺人而杀
   B. 王好战，请以战喻
   C. 百亩之宅，树之以桑
   D. 颁白者不负戴于道路矣

23. 与"未之有也"句式相同的一项是（　　）。
   A. 无乃尔是过与
   B. 何以伐为
   C. 保民而王，莫之能御也
   D. 豫州今欲何往


## 二、课外拓展练习

**阅读下面的段落，完成后面1~6题。**

孟子曰："子路，人告知有过，则喜。禹闻善①言则拜。大舜有大焉，善②与人同，舍己从人，乐取于人以为善③。自耕稼陶渔以至于为帝无非取于人者取诸人以为善④是与人为善者也故君子莫大乎与人为善⑤。"

1. 给画线的句子加上标点。

2. 给文中的"善"字释义。
   ①　　　　　　　②　　　　　　　③

   ④　　　　　　　⑤

3. "大①舜有大②焉""故君子莫大③乎与人为善"中三个"大"的释义。
   ①　　　　　　　②　　　　　　　③

4. 文中有一通假字，请指出来并释义。

5. 用一个成语归纳本文题旨,并说明该成语现在的引申意义。

6. 简要说明文章着重赞颂舜的哪些美德?

# 劝 学

## 一、基础训练

1. 给加点字注音。
   
   靛青（　　）　　蓼蓝（　　）　　中绳（　　）　　槁暴（　　）　　参省（　　）
   
   跬步（　　）　　骐骥（　　）　　埃土（　　）　　螯（　　）

2. 翻译下列句子。
   
   ①积善成德，而神明自得，圣心备焉。
   
   译文：
   
   ②驽马十驾，功在不舍。
   
   译文：

3. 下面对加点字的解说，错误的一项是（　　）。
   
   A. 假（借助，利用）舟楫者　　狐假（借助，利用）虎威　　不假（借助）思索
   
   B. 冰，水为（做，凝成）之　　行将为（被）人所并　　为（为了）之奈何
   
   C. 非利足也，而致（达到）千里　　专心致（尽，极）志　　闲情逸致（兴致，情趣）
   
   D. 劝（劝勉，鼓励）学　　劝（用道理打动人）导　　劝（劝说，阻止）架

4. 下列说法正确的一项是（　　）
   
   A. "蚓无爪牙之利，筋骨之强"中"爪牙"在文中用的是它的比喻义。
   
   B. 白居易《忆江南》有"日出江花红胜火，春来江水绿如蓝"。这里的"蓝"和"取之于蓝"中的"蓝"相同。
   
   C. 《劝学》是《荀子》里的第一篇。节选的三段着重论述了学习应持的态度。
   
   D. 《劝学》的作者荀况，是春秋后期赵国人，他强调后天学习的重要性，认为后天环境和教育可以改变人的本性。

5. "而"字主要有下列用法，后边句中的"而"属哪种用法，请把相应的用法的序号填在句后的括号里。
   
   a. 连词，表并列关系　　b. 连词，表递进关系　　c. 连词，表转折关系
   
   d. 连词，表假设关系　　e. 连词，表顺承关系　　f. 连词，表修饰关系
   
   g. 代词，同"尔"，你，你的
   
   ①青，取之于蓝而青于蓝（　　）
   
   ②诸君而有意，瞻予马首可也（　　）
   
   ③顺风而呼，声非如疾也（　　）
   
   ④蟹八跪而二螯（　　）
   
   ⑤积善成德，而神明自得（　　）
   
   ⑥吾尝终日而思矣（　　）

⑦君子博学而日参省乎己（　　　）

6. 下列句中的"上"与例句中的"上"用法相同的是（　　　）。

　　例句：上食埃土

　A. 上山擒虎易，开口求人难　　　B. 物价上涨

　C. 上下天光，一碧万顷　　　　　D. 刻唐贤今人诗赋于其上

7. 从下面的比喻句中找出正面设喻的一项（　　　）。

　①青出于蓝　　　　②冰寒于水　　　　③骐骥一跃，不能十步

　④驽马十驾，功在不舍　　⑤车柔以为轮　　　　⑥金就砺则利

　⑦锲而舍之，朽木不折　　⑧蚓无爪牙之利，筋骨之强

　A. ①③⑤⑦　　　B. ①②⑤⑥

　C. ②④⑦⑧　　　D. ③⑤⑥⑧

8. 下列加点的字词活用现象相同的是（　　　）。

　①輮使之然也　　　　　②君子博学而日参省乎己

　③斗折蛇行，明灭可见　　④假舟楫者，非能水也

　⑤瑜等率轻锐继其后　　　⑥吾妻之美我者

　⑦其至又加少也

　A. ①②　　B. ⑤⑦　　C. ④⑥　　D. ②③

## 二、课外拓展练习

（一）阅读下面节选自《荀子·劝学》中的一段文字，回答1～3题。

南方有鸟焉，名曰蒙鸠。以羽为巢，而编之以发，系之苇苕。风至苕折，卵破子死。巢非不完也，所系者然也。西方有木焉，名曰射干，茎长四寸，生于高山之上，而临百仞之渊。木茎非能长也，所立者然也。蓬生麻中，中扶而直；白沙在涅（黑泥），与之俱黑。兰槐之根是为芷，其渐之滫（xiǔ，臭水），君子不近，庶人不服。其质非不美也，所渐者然也。故君子居必择乡，游必就士，所以防邪僻而近中正也。

1. 翻译下列句子。
　①编之以发，系之苇苕

　②而临百仞之渊

　③其渐之滫，君子不近

　④庶人不服

2. 下列句子中的"其"字与其他不同类的一项是（　　　）。

　A. 其渐之滫，君子不近

B. 其质非不美也
C. 车柔以为轮,其曲中规
D. 今其智乃反不能及

3. 下列句中没有省略介词"于"的一项是(　　)。

A. 而编之以发,系之苇苕
B. 蓬生麻中,不扶而直
C. 其渐之滫,君子不近
D. 而临百仞之渊

**(二)阅读下面的文章,回答4~7题。**

## 谈治学(节选)

### 夏　衍

许多学者都谈到"勤"和"恒"这两者的重要性,我深有同感。假如有人问:治学有没有诀窍?那么我想,勤和恒就是最基本的诀窍。勤能补拙,业精于勤,这是中国的古话。无数事实证明,任何一个人的任何一点成就,都是从勤学、勤思、勤问中得来的。当然,勤和恒是不可分的。事实上,勤字中间就包含了恒的意思,譬如我们劝人多读书,绝不是希望他读一本书,读一天书,而是希望他天天读,持之以恒,把每天读书养成习惯,嗜书成癖。"习"和"癖",都得持之以恒才能自然而然地形成。治学,要有"衣带渐宽终不悔""众里寻他千百度"的精神,有了这种精神,才能从博到约,由浅入深。

博和专,是一对矛盾。我读了这本书中的文章,绝大多数都强调了博的重要性。我不反对"学贵专精,不尚驳杂"的道理,但是我同时也深信,在今天这样一个科学昌明、世事日繁的社会里,要专攻一业,不及其他,恐怕也难于攻克这一业。你不理会科学,科学会毫不客气地要想你渗透。看来,"杂家"这个词,已经不该有贬义了。文学是人学,而人,是生活在今天这个瞬息万变的生活中的人,要研究人、反映人,要刻画出生活在这个社会里的人,作家的知识就非博不可、非杂不可了。读了戴不凡同志的遗作,他说:"要博,什么书都可以看看、翻翻,记不住内容,或对内容没有兴趣,即使只知道书名、作者、出版年月,积而多之,有时也会有用处的。同时,不但是'开卷有益',也得注意社会上的种种事情(自人情世故以致风俗景物)"。我也有同样的感受。因为"人情世故,风俗景物"之类,在教科书和正式的报章社论、文件中是学不到的。

谈到博和杂,就很自然地想到一个"浅"字。梁启超有一段话讲得很坦率,他说:"启超学问欲极炽,其所嗜好之种类亦繁杂,每治一业则沉溺焉,集中精力,尽抛其他,历若干时日,移于他业,则又抛其前所治者。以集中精力故,故常有所得,以移时而抛故,故入焉而不深。"又在给他女儿的一首诗中说:"吾学病爱博,用甚浅且芜,尤病在无恒,有获旋失诸。凡百可效我,此二无我知。"我认为不论治学,"学问欲极炽"和"集中精力"都是完全必要的,学海无边,对这一门"沉溺"了一阵子后又"移于他业",看来也是很难免的,而且,要是真的集中精力地钻研了一阵,要"尽抛"也是不可能的。茅盾在少年时代就通读了诸子百家、唐诗宋词,这些不都成了他毕生文学事业用之不尽的潜力么?我认为梁任公所说的"尤病在无恒",只是他的自谦之辞,他在学海里沉浮了几十年,直到晚年还保持着"极炽"的求知欲,这种恒心是值得称道的。

最后,我还想引用梁启超提倡的"善疑、求真、创获"这六个字,来作为本文文的结束。善疑,就是____,____;求真,就是____,____;创获,就是____,____。循此途径,持之以恒,那么积跬步至千里,集细流成江湖,也就庶几近之了。

4. 下面对文意的理解不正确的项是(　　)
   A. 作家的知识"博""杂",就能刻画出生活在这个社会中的人。
   B. "勤"字中间包含"恒","恒"字中间也包含"勤"了。
   C. 第二自然段引用梁启超的两段话客观地说出梁启超治学也有"浅"的不足。
   D. 文章论述了治学"勤"和"恒"的必要性和二者间的密切联系。
   E. "积跬步至千里,集细流成江湖"是从荀子《劝学》中活用来的。

5. 根据文意,对文中举茅盾读书的例子的作用理解正确的一项是(　　)
   A. 说明要成就事业,"少年时代"勤奋的重要性。
   B. 强调了治学过程中博学的重要性。
   C. 为了说明"集中精力"钻研的东西,要一下子"尽抛"是不可能的。
   D. 说明茅盾在少年时代就有很深的文学修养。

6. 作者谈"治学方法"时,讲了两个方面,请依据文章做简要概述。




7. 梁启超所提倡的"善疑、求真、创获"对于我们的"治学"很有指导意义,用你的话,简洁而较整齐地补出对以下三句箴言的诠释(每一箴言不超过15个字)。
   善疑,就是_____,_____;
   求真,就是_____,_____;
   创获,就是_____,_____;

# 鸿门宴

## 一、基础训练

1. 《史记》是我国第一部_____,叙述了我国从传说中的黄帝开始,一直到汉武帝约三千年左右的历史,据作者_____说,全书有_____篇,表十篇,书八篇,_____篇,_____篇,共一百三十篇。《鸿门宴》就是节选自_____。它被鲁迅评论为"_____"。

2. 下列词语中加点字的读音有误的一项是(　　)。
   A. 鲰(zōu)生　　美姬(jī)　　飨(xiǎng)士卒　　要(yāo)项伯
   B. 玉玦(qué)　　瞋(chēng)目　　目眦(cī)尽裂　　孰与君少长(cháng)
   C. 戮(lù)力　　刀俎(zǔ)　　与臣有郤(xì)　　按剑而跽(jì)
   D. 樊哙(kuài)　　姓靳(jìn)　　置车骑(jì)　　奉卮(zhī)酒为寿

3. 下列句中加点字词的解释有误的一项是(　　)。
   A. 楚左尹项伯者,项羽季父也(叔父)
      沛公起如厕(去,往)
      窃为大王不取也(私下里)
   B. 乃令张良留谢(感谢)
      其意常在沛公(神情,神态)
      大王来何操(品德,品行)
   C. 若属皆且为所虏(辈,群)
      闻大王有意督过之(责备)
      亡去不义(逃跑)
   D. 度我至军中(估计)
      不胜杯杓(能承担,能承受)
      孰与君少长(和……相比,哪一个……)

4. 下列句中不含古今异义词的一项是(　　)。
   A. 将军战河北,臣战河南
   B. 而听细说,欲诛有功之人
   C. 今沛公先破秦入咸阳,毫毛不敢有所近
   D. 备他盗之出入于非常也

5. 下列句子中不含通假字的一项是(　　)。
   A. 距关,勿内诸侯
   B. 愿伯具言臣之不敢倍德也
   C. 令将军与臣有郤
   D. 杀人如不能举

6. 下列句子与"为击破沛公军"句式相同的一项是(　　)。
    A. 得复见将军于此
    B. 吾属今为之虏矣
    C. 竖子不足与谋
    D. 夺项王天下者必沛公也

7. 下列句子中加点字按词类活用现象归类正确的一项是(　　)。
    ①沛公军霸上　　②范增数目项王　　③籍吏民,封府库
    ④刑人如恐不胜　　⑤素善留侯张良　　⑥项伯杀人,臣活之
    ⑦沛公旦日从百余骑来见项王　　⑧沛公欲王关中
    ⑨交戟之卫士欲止不内　　⑩吾得兄事之
    A. ①②③④⑧/⑥⑦⑨/⑩
    B. ①②③④/⑥⑦⑨/⑤/⑧⑩
    C. ①②③④/⑥⑦⑧⑨/⑤⑩
    D. ①②③④/⑤/⑥⑦⑨⑧/⑩

8. 下列句子中的"因"字与"沛公起如厕,因招樊哙出"中的"因"字用法和意义相同的一项是(　　)。
    A. 寿毕,请以剑舞,因击沛公于座
    B. 惠文、武、昭襄蒙故业,因遗策
    C. 为山必因丘陵,为下必因川泽
    D. 项王即日因留沛公与饮

9. 下列句子中加点字的意义和用法相同的一项是(　　)。
    A. 樊哙覆其盾于地　　　　曹无伤使人言于项羽曰
    B. 客何为者　　　　　　　不者,若属皆且为所虏
    C. 不者,若属皆且为所虏　　或师焉,或不焉
    D. 寿毕,请以剑舞　　　　籍何以至此

10. 翻译下列句子。
    ① 夫秦王有虎狼之心,杀人如不能举,刑人如恐不胜,天下皆叛之。



    ② 大行不顾细谨,大礼不辞小让。



二、课外拓展练习

　　阅读下面的段落,回答1～4题。

　　是项王乃上马骑,麾下壮士骑从者八百余人,直夜溃围南出,驰走。平明,汉军乃觉之,令

骑将灌婴以五千骑追之。项王渡淮,骑能属者百余人耳。项王至阴陵,迷失道,问一田父,田父绐曰:"左。"左,乃陷大泽中,以故汉追及之。项王乃复引兵而东,至东城,乃有二十八骑。汉骑追者数千人。项王自度不得脱,谓其骑曰:"吾起兵至今八岁矣,身七十余战,所当者破,所击者服,未尝败北,遂霸有天下。然今卒困于此,此天之亡我,非战之罪也。今日固决死,愿为诸君快战,必三胜之,为诸君溃围,斩将,刈旗,令诸君知天亡我,非战之罪也。"乃分其骑以为四队,四向。汉军围之数重。项王谓其骑曰:"吾为公取彼一将。"令四面骑驰下,期山东为三处。于是项王大呼驰下,汉军皆披靡,遂斩汉一将。是时,赤泉侯为骑将,追项王,项王瞋目而叱之,赤泉侯人马俱惊,辟易数里。与其骑会为三处。汉军不知项王所在,乃分军为三,复围之。项王乃驰,复斩汉一都尉,杀数十百人,复聚其骑,亡其两骑耳。乃谓其骑曰:"何如?"骑皆伏曰:"如大王言!"

于是项王乃欲东渡乌江。乌江亭长舣①船待,谓项王曰:"江东虽小,地方千里,众数十万人,亦足王也。愿大王急渡。今独臣有船,汉军至,无以渡。"项王笑曰:"天之亡我,我何渡为!且籍与江东子弟八千人渡江而西,今无一人还,纵江东父兄怜而王我,我何面目见之?纵彼不言,籍独不愧于心乎?"乃谓亭长曰:"吾知公长者。吾骑此马五岁,所当无敌,尝一日行千里,不忍杀之,以赐公。"乃令骑皆下马步行,持短兵接战。独籍所杀汉军数百人。项王身亦被十余创,顾见汉骑司马吕马童,曰:"若非吾故人乎?"马童面之,指王翳曰:"此项王也。"项王乃曰:"吾闻汉购我头千金,邑万户,吾为若德。"乃自刎而死。王翳取其头,余骑相蹂践争项王,相杀者数十人。最其后,郎中骑杨喜、骑司马吕马童、郎中吕胜、杨武,各得其一体。五人共会其体,皆是。故分其地为五:封吕马童为中水侯,封王翳为杜衍侯,封杨喜为赤泉侯,封杨武为吴防侯,封吕胜为涅阳侯。

项王已死。楚地皆降汉,独鲁不下。汉乃引天下兵欲屠之;为其守礼义,为主死节,乃持项王头示鲁,鲁父兄乃降。始,楚怀王初封项籍为鲁公,及其死,鲁最后下,故以鲁公礼葬项王谷城。汉王为发哀,泣之而去。

诸项氏枝属,汉王皆不诛,乃封项伯为射阳侯。桃侯、平皋侯、玄武侯皆项氏,赐姓刘。

[注释] 舣:yǐ,使船靠岸。

1. 对下列句子中加点的词的解释,不正确的一项是(　　)。
    A. 田父绐曰　　　　哄骗,欺骗
    B. 愿为诸君快战　　痛痛快快地打一仗
    C. 期山东为三处　　期望,要求
    D. 汉军皆披靡　　　惊溃散乱
2. 下列句中无词类活用的一项是(　　)。
    A. 此天之亡我,非战之罪也
    B. 纵彼不言,籍独不愧于心乎
    C. 纵江东父兄怜而王我
    D. 吾闻汉购我头千金,邑万户,吾为若德
3. 以下句子编为四组,全都表现项羽兵败的原因的一组是(　　)。
    ①迷失道,问一田父,田父绐曰　②吾起兵至今八岁矣　③此天之亡我,非战之罪也
    ④汉军皆披靡,遂斩汉一将　⑤今独臣有船,汉军至,无以渡　⑥马童面之,指王翳曰

⑦乃自刎而死

A. ①②⑤⑦　　B. ①③⑤⑥　　C. ②③⑤⑦　　D. ②④⑤⑥

4. 下列对原文有关内容的分析和概括,不正确的一项是(　　)

A. 项羽垓下被围,身陷绝境,一个原因就是轻信他人,他从来不相信有人会欺骗他,他的直率、粗犷的性格由此可见,遭遇让人同情,但也可以看出他是一个自矜功伐之人。

B. 作者安排了三个细节描写:溃围、斩将、刈旗,尽显项羽的声威、力量,让读者看到了一个不可一世的英雄瞬间的光辉与悲壮。

C. 文章扣住数字的变化写项羽的日暮穷途,敌我悬殊,项羽必定死于此。但项羽有船也不过江,表明他此时还存侥幸的心理,认为"置之死地而后生",必定可以扭转局面。

D. 在文中项羽反复说"天之亡我"表明他认输而不服气,明知必死,意犹不平,也反映他自负、自尊而不知自省、自责的性格特征。

## 兰亭集序

### 一、基础训练

1. 给下列加点字词注音。
   ① 岁在癸（　　）丑　　　② 会稽（　　）（　　）山阴
   ③ 修禊（　　）事也　　　④ 流觞曲（　　）水
   ⑤ 放浪形骸（　　）　　　⑥ 若合一契（　　）
   ⑦ 临文嗟悼（　　）（　　）

2. 解释下列加点字。
   ① 会于会稽山阴之兰亭　　（　　　　　　）
   ② 列坐其次　　　　　　　（　　　　　　）
   ③ 信可乐也　　　　　　　（　　　　　　）
   ④ 曾不知老之将至　　　　（　　　　　　）
   ⑤ 况修短随化，终期于尽　（　　　　　　）（　　　　　　）
   ⑥ 每览昔人兴感之由　　　（　　　　　　）
   ⑦ 不能喻之于怀　　　　　（　　　　　　）
   ⑧ 固知一死生为虚诞　　　（　　　　　　）
   ⑨ 齐彭殇为妄作　　　　　（　　　　　　）

3. 下列各组词语中加点的字的读音，不正确的一组是（　　）。
   A. 虚诞(dàn)　　　癸丑(kuí)　　　万殊(shú)　　　峻岭(jùn)
   B. 殇子(shāng)　　会稽(jī)　　　形骸(hái)　　　会晤(wù)
   C. 悼念(dǎo)　　　修禊(xì)　　　骋怀(chěng)　　符契(qì)
   D. 嗟悼(jiē)　　　流觞(shāng)　　激湍(tuān)　　曲水(qǔ)

4. 下列词语中加点字词的解释全都正确的一项是（　　）。
   A. 群贤毕至（全）　　　　　　少长咸集（都）
      茂林修竹（修整）　　　　　清流激湍（急流的水）
   B. 畅叙幽情（幽深内藏）　　　人之相与（交好）
      崇山峻岭（高）　　　　　　暂得于己（短暂，一时）
   C. 感慨系之（附着）　　　　　修短随化（变化）
      终期于尽（至，及）　　　　向之所欣（过去，从前）
   D. 喻之于怀（比喻）　　　　　其致一也（情趣）
      列坐其次（排列）　　　　　列叙时人（一个个地）

5. 下列加点字词解释不正确的一项是（　　）。
   A. ① 引以为流觞曲水，列坐其次（它的旁边，指水边）
      ② 所以游目骋怀（用来）
   B. ① 虽无丝竹管弦之盛（借指音乐）

②曾不知老之将至(乃,竟)

C. ①夫人之相与,俯仰一世(交往)

②或取诸怀抱(从……中取得)

D. ①虽世殊事异,所以兴怀,其致一也(导致)

②未尝不临文嗟悼(面对)

6. 下列各句中没有通假字的一项是(　　)。

A. 趣舍万殊,静躁不同

B. 悟言一室之内

C. 因寄所托,放浪形骸之外

D. 天下云集响应,赢粮而景从

7. 下列关于"期"的解释错误的一项是(　　)。

A. 况修短随化,终期于尽(注定)

B. 期年之后,虽欲言,无可进者(希望)

C. 君与家君期日中,日中不至,则是无信(约定)

D. 秋以为期(约定的佳日)

8. 下面"其"字的用法,与其他句不同的一项是(　　)。

A. 吾其还也

B. 虽世殊事异,所以兴怀,其致一也

C. 故列叙时人,录其所述

D. 当其欣语所遇,暂得于己,快然自足

9. 下列句子中"一"作数词用的一项是(　　)

A. ①一觞一咏,亦足以畅叙幽情　　②夫人之相与,俯仰一世

B. ①固知一死生为虚诞,齐彭殇为妄作　　②悟言一室之内

C. ①虽世殊事异,所以兴怀,其致一也　　②每览昔人兴感之由,若合一契

D. ①吏呼一何怒!妇啼一何苦!　　②一夫作难而七庙隳

10. 下列句子的句式特点与例句不同的一项是(　　)。

例句:引以为流觞曲水,列坐其次

A. 会于会稽山阴之兰亭

B. 或取诸怀抱,悟言一室之内

C. 况修短随化,终期于尽

D. 或因寄所托,放浪形骸之外

11. 对下列各句在文中的意思理解不正确的一项是(　　)

A. 仰观宇宙之大,俯察品类之盛,所以游目骋怀,足以极视听之娱,信可乐也。——抬头观览浩渺的宇宙,低头审视繁多的物类,借以放眼纵观,舒展胸怀,足以尽情地享受着看和听的乐趣,实在很愉快啊。

B. 俯仰一世——很慢地度过一生。

C. 固知一死生为虚诞,齐彭殇为妄作——才知道一生一死都是虚假的,把长寿和短命等同起来的说法是妄造的。

D. 及其所之既倦,情随事迁,感慨系之矣——等到他所向往的事情已经厌倦,感情随着事

物的变化而转移,感慨就随之产生了。

12. 下面文学常识表述错误的一项是(　　)
   A. 王羲之的《兰亭集序》既是散文佳作,又是名帖,流传久远。
   B. 序是古代文体的一种,大多用以题赠,或作著作的前言,《兰亭集序》是朋友之间互相唱和的赠言。
   C. 魏晋时期在中国抒发艺术的发展史上具有承前启后的重要作用。王羲之书写的《乐毅论》《黄庭坚》等楷书作品被称为"书之圣",行草《兰亭集序》被后世书法家誉为"行书第一"。
   D. 书法艺术是我国特有的艺术,在我国书法史上,涌现出许许多多的书法大家,有并称"二王"的王羲之、王信之,有"颜筋柳骨"之称的颜真卿、柳公权等。

13. 对下列各句的判断,不正确的一项是(　　)
   A. 序,古代文体的一种,大多用以题赠,或作为著述的前言。本文内容突出了赠序的特点。
   B. 本文一开头就出现了一个阔大的境界:"人之相与,俯仰一世"。但这并不显得突然:"人之相与",指人际交往,是个普遍性命题,也包括这次兰亭之会在内;"俯""仰"二字在这里用的是它们的合义,表示时间过得很快。这包含着人怎样在人群中度过一生这一问题,由此而引发作者的感慨,可谓自然之极。
   C. "情随事迁,感慨系之矣",这种人人都有的情怀说明了一个事实:不管生活方式有怎样的不同,人总是留恋于生活中那些美好的事物,也就是留恋于有生之乐。
   D. "死生亦大矣"是作者的基本观点,以此来概括一篇之意,这正是本文作者见解高远之处。

二、课外拓展练习

**阅读下面的段落,回答1～8题。**

戴胄,字玄胤,相州安阳人。性坚正,干局①明强,善簿最②。大理少卿缺,太宗曰:"大理,人命所系,胄清真,其人哉。"即日命胄。长孙无忌被召,不解佩刀入东上阁。尚书右仆射封德彝论监门校尉不觉。罪当死;无忌赎。胄曰:"校尉与无忌罪均,臣子于尊极不称误。法者:御汤剂、饮食、舟船,虽误皆死。陛下录无忌功,原之可也。若罚无忌,杀校尉,不可谓刑。"帝曰:"法为天下公,朕安得阿亲戚!"诏复议。德彝固执,帝将可。胄曰:"不然。校尉缘无忌以致罪,法当轻。若皆误,不得独死。"由是与校尉皆免。时选者盛集,有诡资荫冒牒取调③者,诏许自首;不首,罪当死。俄有诈得者,狱具,胄以法当流。帝曰:"朕诏不首者死,而今当流,是示天下以不信,卿卖狱耶?"胄曰:"陛下登杀之,非臣所及。既属臣,敢亏示乎?"帝曰:"卿自守法,而使我失信,奈何?"胄曰:"法者,布大信于人,言乃一时喜怒所发。陛下以一朝忿将杀之,既知不可而置于法,此忍小忿,存大信也。若阿忿违信,臣为陛下惜之。"帝大感悟,从其言。迁尚书左丞。矜其贫,特诏赐钱十万。

[注释] ①干局:指人的办事能力。
②簿最:财物出纳账册。
③取调:指"选者"获取委任。

1. 对下列句子中加点的词语解释,正确的一组是(　　)。
   ①监门校尉不觉　　觉:发觉
   ②校尉与无忌罪均　均:各人一半
   ③朕安得阿亲戚　　阿:顺从
   ④不可谓刑　　　　刑:合法
   ⑤陛下登杀之　　　登:立即
   ⑥矜其贫　　　　　矜:怜悯
   A. ①②③　　　B. ④⑤⑥
   C. ①③⑤　　　D. ②④⑥

2. 分别比较下列句中"以"字和"而"字的意义和用法,判断正确的一组是(　　)。
   ①胄以法当流
   ②是示天下以不信
   ③卿自守法,而使我失信
   ④既知不可而置于法
   A. ①句和②句不同,③句和④句相同。
   B. ①句和②句不同,③句和④句也不同。
   C. ①句和②句相同,③句和④句不同。
   D. ①句和②句相同,③句和④句也相同。

3. 对"言乃一时喜怒所发"一句中"言"的具体内容,理解恰当的一项是(　　)。
   A. 不首,罪当死
   B. 诏许自首;不首,罪当死
   C. 卿卖狱耶
   D. 卿自守法,而使我失信,奈何

**指出以下4~5题的句子在文中的正确意思。**

4. 陛下录无忌功,原之可也。(　　)
   A. 陛下记载长孙无忌的功劳,恕免他是可以的。
   B. 陛下记载长孙无忌的功劳,本来是可以的。
   C. 陛下念及长孙无忌的功劳,恕免他是可以的。
   D. 陛下念及长孙无忌的功劳,本来是可以的。

5. 校尉缘无忌以致罪,法当轻。(　　)
   A. 校尉跟随长孙无忌而犯罪,依法判处轻罪。
   B. 校尉因为长孙无忌而获罪,处罚应当从轻。
   C. 校尉跟随长孙无忌犯罪,处罚应当从轻。
   D. 校尉因为长孙无忌而获罪,依法判处轻罪。

6. 以下句子分别编为四组,从分句间语意关系的角度看,相同的一组是(　　)。
   ①不首,罪当死
   ②而今当流,是示天下以不信
   ③陛下登杀之,非臣所及

④矜其贫,特诏赐钱十万

A. ①②　　　B. ①③　　　C. ②④　　　D. ③④

7. 以下六句话分别编为四组,全都反映戴胄公正执法的一组是(　　)。

①性坚正,干局明强,善簿最

②臣子于尊极不称误

③若罚无忌,杀校尉,不可谓刑

④若皆误,不得独死

⑤俄有诈得者,狱具,胄以法当流

⑥陛下登杀之,非臣所及

A. ①②⑥　　　B. ①④⑤　　　C. ②③⑥　　　D. ③④⑤

8. 下列叙述符合原文意思的一项是(　　)

A. 戴胄援引法律,犯颜直谏。他认为封德彝定长孙无忌及监门校尉的罪轻重失当,所以固请太宗复议。

B. 戴胄引"虽误皆死"的法典,劝谏太宗不该姑息长孙无忌的罪行而使重罪轻罚,更不应以地位高低而使同罪异罚。

C. 对"诈得者"太宗诏"不首者死",但戴胄仍"以法当流",因而触怒太宗。而对太宗的责难,他既据理力谏,又讲究劝谏艺术,终使太宗感悟。

D. 戴胄认为封德彝判校尉死罪,而让长孙无忌以功抵罪,于法无据;而圣旨"不首,罪当死"是感情用事,作为执法的依据有不妥之处。

# 逍遥游（节选）

**基础训练**

1. 下列句子中全有通假字的一项是（　　）。
   ①北冥有鱼，其名为鲲。②背负青天而莫之夭阏者。③此小大之辩也。④之二虫又何知。⑤小知不及大知，小年不及大年。⑥故夫知效一官，行比一乡，德合一君，而征一国者。⑦彼于致福者，未数数然也。⑧若夫乘天地之正，而御六气之辩。
   A. ①③④⑥⑧　　　　　　　　B. ②③⑤⑥⑦
   C. ①③⑤⑥⑧　　　　　　　　D. ①④⑤⑦⑧

2. 下列加点的词语，解释有误的一项是（　　）。
   A. 怒而飞，其翼若垂天之云　（怒：发怒）
   B. 覆杯水于坳堂之上　（覆：翻、倒）
   C. 而后乃今培风　（培：凭借）
   D. 时则不至而控于地而已矣　（控：掉，落）

3. 下列句子中加点的词语，与现代汉语相同的一项是（　　）。
   A. 适莽苍者，三餐而反，腹犹果然
   B. 众人匹之，不亦悲乎
   C. 野马也，尘埃也，生物之以息相吹也
   D. 定乎内外之分，辩乎荣辱之境

4. 下列句子中加点的词，解释相同的一项是（　　）。
   A. ①则其负大翼也无力
      ②常以身翼蔽沛公
   B. ①夫列子御风而行
      ②盗起而不知御，民困而不知救
   C. ①未有知其修者也
      ②乃重修岳阳楼
   D. ①适百里者，宿舂粮
      ②余自齐安舟行适临汝

5. 下列文言句式中不同类的一项是（　　）。
   A. 之二虫又何知
   B. 彼且奚适也
   C.《齐谐》者，志怪者也
   D. 彼且恶乎待哉

6. 补写出下列句子中的空缺部分。
   (1)《逍遥游》中以"朝菌"和"蟪蛄"为例来说明"小年"一词的两句是"＿＿＿＿＿＿，＿＿＿＿＿＿"。

(2)《逍遥游》中说明大鹏鸟的飞翔对风的依赖性的句子是"＿＿＿＿＿＿，＿＿＿＿＿＿"。
(3) 庄子在《逍遥游》一文中，借助"大鹏直上"表达了自己的志向，其中"＿＿＿＿＿＿＿＿＿＿＿＿"一句后来演变成了成语"扶摇直上"。

7. 解释加点的字词。
   (1) 而后乃今将图南            (　　　)＿＿＿＿＿
   (2) 奚以之九万里而南为        (　　　)＿＿＿＿＿
   (3) 德合一君,而征一国者      (　　　)＿＿＿＿＿
   (4) 彼于致福者,未数数然也    (　　　)＿＿＿＿＿
   (5) 适莽苍者,三餐而反        (　　　)＿＿＿＿＿
   (6)《齐谐》者,志怪者也       (　　　)＿＿＿＿＿
   (7) 我腾跃而上,不过数仞而下  (　　　)＿＿＿＿＿
   (8) 虽然,犹有未树也          (　　　)＿＿＿＿＿
   (9) 水击三千里                (　　　)＿＿＿＿＿
   (10) 举世而非之而不加沮       (　　　)＿＿＿＿＿
   (11) 虽然,犹有未树也
   ＿＿＿＿＿＿＿＿＿＿＿＿＿＿＿＿＿＿＿＿＿＿＿＿＿＿
   (12) 三餐而反,腹犹果然
   ＿＿＿＿＿＿＿＿＿＿＿＿＿＿＿＿＿＿＿＿＿＿＿＿＿＿
   (13) 众人匹之,不亦悲乎
   ＿＿＿＿＿＿＿＿＿＿＿＿＿＿＿＿＿＿＿＿＿＿＿＿＿＿
   (14) 野马也,尘埃也
   ＿＿＿＿＿＿＿＿＿＿＿＿＿＿＿＿＿＿＿＿＿＿＿＿＿＿
   (15) 神人无功,圣人无名
   ＿＿＿＿＿＿＿＿＿＿＿＿＿＿＿＿＿＿＿＿＿＿＿＿＿＿
   (16) 海运则将徙于南冥
   ＿＿＿＿＿＿＿＿＿＿＿＿＿＿＿＿＿＿＿＿＿＿＿＿＿＿
   (17) 抟扶摇羊角而上者九万里
   ＿＿＿＿＿＿＿＿＿＿＿＿＿＿＿＿＿＿＿＿＿＿＿＿＿＿
   (18) 南冥者,天池也
   ＿＿＿＿＿＿＿＿＿＿＿＿＿＿＿＿＿＿＿＿＿＿＿＿＿＿
   (19) 之二虫又何知
   ＿＿＿＿＿＿＿＿＿＿＿＿＿＿＿＿＿＿＿＿＿＿＿＿＿＿
   (20) 蟪蛄不知春秋
   ＿＿＿＿＿＿＿＿＿＿＿＿＿＿＿＿＿＿＿＿＿＿＿＿＿＿

# 与妻书

## 基础训练

1. 下列句中不含通假字的一项是(　　)。
   A. 称心快意,几家能彀
   B. 辛未三月廿六夜四鼓
   C. 而母立于兹
   D. 汝幸而偶我

2. 下列语句中加点的词,解释不正确的一项是(　　)。
   A. 又恐汝不察吾衷　(衷:衷情)
   B. 虽不谓吾言为是　(是:正确)
   C. 适冬之望日前后　(适:恰逢)
   D. 汝其善抚之,使之肖我　(肖:相像,类似)

3. 下列加点字词类活用与例句相同的一项是(　　)。
   例:当亦乐牺牲吾身与汝身之福利
   A. 瓜分之日可以死
   B. 渔人甚异之
   C. 汝幸而偶我
   D. 当尽吾意为幸

4. 下列加点的词语,与现代汉语中意思不相同的一项是(　　)。
   A. 司马青衫,吾不能学太上之忘情也
   B. 当亦乐牺牲吾身与汝身之福利
   C. 当时余心之悲,盖不能以寸管形容之
   D. 此吾所以敢率性就死不顾汝也

5. 下列句子不是倒装句的一项是(　　)。
   A. 称心快意,几家能彀
   B. 不能竟书而欲搁笔
   C. 钟情如我辈者,能忍之乎
   D. 又何不幸而生今日之中国

6. 根据语境,补写出横线处的句子。
   (1)《与妻书》中,作者引用了《孟子》中的一句话"_____,_____;_____,_____"来说明自己不顾妻子而勇于牺牲的原因。
   (2)《与妻书》中,作者用八个字概括了没有几家可以过上称心快意生活的原因,这八个字是"_____,_____"。

7. 解释加点的词语。

(1) 老吾老,以及人之老

_____

(2) 此吾所以敢率性就死不顾汝也

_____

(3) 此吾所以敢率性就死不顾汝也

_____

(4) 吾家后日当甚贫

_____

(5) 及与汝相对

_____

(6) 钟情如我辈者

_____

(7) 汝可以模拟得之

_____

# 第三单元　诗歌鉴赏

## 《诗经》两首

### 一、基础训练

1. 《诗经》原名《_____》或《_____》，共收录从西周初期到春秋中期的诗歌_____首。它是我国第一部_____。《诗经》"六义"是指_____。

2. 《诗经》的作者是(　　)。
   A. 贵族　　　B. 平民　　　C. 各个阶层人士　　　D. 士人

3. 风、雅、颂是《诗经》的三个组成部分，这主要是根据(　　)的不同对《诗经》的分类。
   A. 作者　　　B. 地域　　　C. 内容　　　D. 音乐

4. 《采薇》诗中没有表现的思想感情倾向是(　　)。
   A. 对周天子的愤怒　　　B. 对战争的厌恶
   C. 对和平的向往　　　　D. 思乡自伤之情

5. 《诗经》收录了大致是(　　)时期的作品。
   A. 夏代　　　B. 先秦　　　C. 周初至春秋中叶　　　D. 东周

6. 下列几项与《采薇》中"薇"的意义完全没有关系的一项是(　　)。
   A. 时间　　　B. 气节情志　　　C. 饮食　　　D. 音乐

7. 下边加点的字注音有误的一项是(　　)。
   A. 氓之蚩蚩(máng)　　靡室劳矣(mí)　　犹可说也(tuō)
   B. 匪来贸丝(fēi)　　　乘彼垝垣(guǐ)　　自我徂尔(cú)
   C. 夙兴夜寐(sù)　　　隰则有泮(pàn)　　无食桑葚(shèn)
   D. 载笑载言(zāi)　　　无与士耽(dān)　　渐车帷裳(cháng)

8. 下列各组中没有错别字的一项是(　　)。
   A. 体无咎言　　夙兴夜寐　　嗜草　　乘彼垝垣
   B. 靡室劳矣　　矛戟　　　　彤管　　踟蹰
   C. 自我徂尔　　有炜　　　　洵美　　于嗟鸠兮
   D. 泣涕涟涟　　送子　　　　涉骐　　晏晏帷裳

9. 对下列四句诗的艺术手法分析不正确的一项是(　　)。
   A. "桑之落矣，其黄而陨"：用了比和兴的手法，意指女子的憔悴和被弃。
   B. "于嗟鸠兮，无食桑葚；于嗟女兮，无与士耽"：用了赋的手法，桑葚是甜，但多吃易醉，爱情是美好的，但太痴易上当。
   C. "静女其娈，贻我彤管。彤管有炜，说怿女美"：用了赋的手法，直接抒发对女子的喜爱。
   D. "淇则有岸，隰则有泮"：兴中有比，言下之意为水有岸，泽有边，我的痛苦为何没尽头。

10. 以下运用了借代手法的一句是(　　)。
    A. 桑之落矣，其黄而陨。　　　B. 桑之未落，其叶沃若。

C. 不见复关,泣涕涟涟。　　D. 彤管有炜,说怿女美。

11. 下列各句中加粗成语使用不恰当的一句是(　　)

　A. 为了赶在学术会前完成论文,他**夙兴夜寐**,辛辛苦苦忙了一个月。

　B. 军民**同仇敌忾**,浴血奋战的情景,至今还历历在目。

　C. 商店经理**信誓旦旦**地说:"我们的商店无假货。"但一检查,几乎全是假货。

　D. 香皂买回来后,**屡试不爽**,气得我奔向商店,大呼:"退货!"


二、课外拓展练习

(一)阅读下面的古诗,完成1~2题。

### 桃夭(《诗经》)

桃之夭夭,灼灼其华。之子于归,宜其室家。

桃之夭夭,有蕡其实。之子于归,宜其家室。

桃之夭夭,其叶蓁蓁。之子于归,宜其家人。

[注释]　①归:出嫁。

　　　　②蕡(fén):草木果实繁盛硕大的样子。

　　　　③蓁蓁(zhēn):草木茂盛的样子。

1. 本诗在章法结构上采用了什么形式?

2. 请从比兴手法运用的角度赏析全诗。

(二)阅读下面的文章,完成3~5题。

### 美丽《诗经》

《诗经》是一个谜,它有太多的秘密没有被揭开。可是,它实在太美了,使我们在殚精竭虑不胜疲惫的解谜失败之后,仍然对它恋恋不舍。

《诗经》与我们的距离主要体现在我们对它的无知上。我可以稍微武断一点地说,<u>有关《诗经》的现有"学术成果",大多数是出于推断与猜测</u>。对很多问题我们都各持见解而互不相让。即便有些问题看来已被"公认",但那也正是全体的无能为力。我举几个例子。

正如大凡神圣人物总有一个神秘出身一样,《诗经》的出身也颇扑朔迷离。为了解答这个问题,便有了"采诗说"和"献诗说"。班固和何休都有"采诗"之说,且都说得极有诗意。但仔细推敲他们的说法,却并无任何历史根据。司马迁就没有这种说法,《左传》中也无这种说法。但我们却又无力驳斥班固和何休,因为他们的说法虽然缺乏证据,却是一个合理的推断。更重要的是,否定这个说法,我们并不能提供一个更合理的说法。

与国风"采诗说"相配合的,便是大、小雅的来自"公卿至于列士"的"献诗说"。这种说法也只有《国语》"召公谏厉王"中的一个孤证,且这"公卿至于列士献诗"之"诗",是否为公卿列士自作也成问题。况且,就一些尖锐的讽刺之作看,像《小雅·十月之交》中对皇父等七个用事大臣的点名揭批,大约也不是"献诗"的好材料。

《诗经》的搜集固然是一个问题,然而集中起来的诗,要把它按一定的规则编排成书,又是哪些人?最后毕其功的人物是谁?司马迁说此人是孔子,这当然是最好的人选,但司马迁并没说明他这么说的证据。这个说法也受到后人的质疑。

就《诗经》本身,它的作者是一个更大的问题,但学术界已不把它当作问题,大家一致得过且过了。抗战前,朱东润先生在武汉大学《文哲季刊》上对"国风是民歌"的说法提出理据充分的质疑,却不见有什么反响。1981年,朱先生又出版《诗三百篇探故》,仍没见什么回应。我私下认为这种尴尬其实很好理解:大家都不愿再惹事,得过且过。

上述种种学术疑问并不影响我们对《诗经》的欣赏和喜爱。正如一位绝世佳人,她吸引我们的是她的美丽和风韵,而不是她的身份和背景。

据《世说新语》载,东晋谢安曾问子弟《诗经》中何句最佳。他的侄子谢玄答:"昔我往矣,杨柳依依;今我来思,雨雪霏霏。"这是《小雅·采薇》末章的几句,确实很美,但如果谢太傅问我,我一定回答《陈风·月出》:

月出皎兮,佼人僚兮。舒窈纠兮,劳心悄兮。

月出皓兮,佼人懰兮。舒忧受兮,劳心慅兮。

月出照兮,佼人燎兮。舒夭绍兮,劳心惨兮。

(月亮出来明晃晃啊,那个美人真漂亮啊。步履款款身苗条啊,我的心儿扑扑跳啊。)

我曾用"天堂的三个元素"来评述这首诗。美是一种没有峭壁的高度,她不压迫我们,但仍让我们仰望;她不刺戳我们,但我们仍然受伤。她如此接近我们,却又如此远离我们;如此垂顾我们,却又如此弃绝我们。这个美丽的女子,是月夜的一部分,或者说,月夜是她的一部分,她与月已经构成了圆满,我们已无缘参与其间,但她如皎月泻辉般辐射出来的美,还是灼伤了我们的心。对这澄澈圆融的境界,我们能介入其中的,不,能奉献与之的,也只是这颗怦然而动的心……明月、美人和我们的心,是这首诗的三个主要意象。要知道,自然、美人和我们:天堂只要这三个元素就够了。

《诗经》305首,美丽的诗篇触目皆是,我只是举了一例。《诗经》毕竟是"诗",我们要把它当"诗"来读。只有这样,才能挽救被学者们弄得面目可憎的古代诗歌的清誉。

1. 作者认为,"有关《诗经》的现有'学术成果',大多数是出于推断与猜测"。不属于其依据的一项是(　　)。

   A. 司马迁和《左传》都没有提到"采诗"说,大、小雅中的讽刺之作应该不是"献诗"。

   B. 司马迁虽然说到孔子是《诗经》的主编者,但没有提供证据。

   C. 《诗经》的作者是个大问题,但学术界已不把它当作问题,大家一致得过且过了。

   D. 朱东润先生对"国风是民歌"的说法提出了质疑,并且理据充分。

2. 文中用了比较多的笔墨写《陈风·月出》,对其作用的表述最正确的一项是(　　)。

   A. 是为了解说作者对诗歌的评价标准,美丽的诗篇必须符合"天堂的三个元素"。

   B. 是为了说明《小雅·采薇》末章的几句不是《诗经》中最美的,《诗经》最美的诗篇应该是《陈风·月出》。

   C. 是为了说明对《诗经》的学术研究无关紧要,不影响我们对《诗经》的欣赏和喜爱。

   D. 是为了说明《诗经》的美丽,《诗经》毕竟是"诗",我们要把它当"诗"来读。

3. 根据本文提供的信息,下列推断正确的一项是(　　)。

   A. 学术界对《诗经》很多问题的研究仍然莫衷一是,主要是年代久远,史料鲜有记载造成的。

   B. 《诗经》毕竟是"诗",只有抛开充满疑问的学术研究,才能真正走进《诗经》美丽的境界。

   C. 自古以来人们总是殚精竭虑、不胜疲惫地通过读"诗"来解《诗经》的"谜",这种不把《诗经》当"诗"来读的现象现在依然十分严重。

   D. 不仅是《诗经》,古代诗歌由于史料很少,普遍被学者们弄得面目可憎了。

# 离 骚

## 一、基础训练

1. 给下列加点的字注音。
   ①偭（　　　　）规矩而改错（　　　　）
   ②何圜（　　　　）之能周兮
   ③制芰（　　　　）荷以为衣
   ④高余冠之岌岌（　　　　）

2. 翻译下列句子。
   ①怨灵修之浩荡兮，终不察夫民心。
   译文：

   ②鸷鸟之不群兮，自前世而固然。
   译文：

   ③民生之各有所乐兮，余独好修以为常。
   译文：

3. 下列加点字注音全对的一项是（　　　　）。
   A. 修姱(kuā)　　朝谇(zuì)　　謠诼(zhuó)　　揽茝(chǎi)
   B. 溘死(kè)　　侘傺(chà chì)　　鸷鸟(zhì)　　方枘(ruì)
   C. 芰荷(zhī)　　偭规矩(miǎn)　　羁(jī)　　攘诟(rǎng)
   D. 方圜(huán)　　杂糅(róu)　　岌岌(jí)　　兰皋(gāo)

4. 下列加点的字解释不正确的一项是（　　　　）。
   A. 长太息(叹息)以掩涕(掩面流泪)兮，哀民生之多艰
   B. 余虽好修姱(修洁美好)以鞿羁(束缚)兮，謇朝谇而夕替
   C. 伏(保守)清白以死(为……而死)直兮，固前圣之所厚
   D. 不吾知其亦已(罢了)兮，苟余情其信(相信)芳(芳香)

5. 下列各组中不含有通假字的一组是（　　　　）。
   A. 背绳墨以追曲兮，竞周容以为度
      宁溘死以流亡兮，余不忍为此态也
   B. 忳郁邑余侘傺兮，吾独穷困乎此时也
      何方圜之能周兮？夫孰异道而相安
   C. 悔相道之不察兮，延伫乎吾将反

进不入以离尤兮,退将复修吾初服
D. 佩缤纷其繁饰兮,芳菲菲其弥章
　　固时俗之工巧兮,偭规矩而改错

6. 下列句子中,加点字意义、用法相同的一组是(　　)。
A. 余虽好修姱以鞿羁兮　虽九死其犹未悔
B. 哀民生之多艰　怨灵修之浩荡兮
C. 余虽好修姱以鞿羁兮　怨灵修之浩荡兮
D. 亦余心之所善兮　谣诼谓余以善淫

7. 下列句子中,加点字的解释无误的一组是(　　)。
A. 哀(哀伤)民生之多艰　既替(代替)余以蕙纕兮
B. 謇朝谇(谏争)而夕替　又申之以(因为)揽茝
C. 鸷鸟之不群(合群)兮　忍尤(罪过)而攘诟
D. 自(以)前世而固然　屈心而抑(压抑)志兮

8. 下列各句中,加点字的活用不同于其他三项的一项是(　　)。
A. 屈心而抑志兮
B. 回朕车以复路兮
C. 步余马于兰皋兮
D. 伏清白以死直兮

9. 下列各句中没有特殊句式的一项是(　　)。
A. 不吾知其亦已兮
B. 虽体解吾犹未变兮
C. 背绳墨以追曲兮
D. 长余佩之陆离

10. 下列词语中加点字的解释全都正确的一项是(　　)。
A. 又申之以揽茝(重复,再三)　谣诼谓余以善淫(谣言)
B. 溘死(突然)　偭规矩而改错(错误)
C. 忍尤而攘诟(侮辱)　延伫乎吾将反(返回)
D. 苟余情其信芳(确实)　怨灵修之浩荡兮(水势大)

11. 下列各句中加点词古今意义相同的一组是(　　)。
①偭规矩而改错　　②吾独穷困乎此时
③何方圜之能周兮　④忽反顾以游目兮
⑤佩缤纷其繁饰兮　⑥自前世而固然
⑦宁溘死以流亡兮　⑧伏清白以死直兮
A. ①②③⑤⑥
B. ②③④⑤⑥
C. ①④⑤⑧
D. ②③⑤⑧

12. 下列有关文学常识的说法,不正确的一项是(　　)。
A. 屈原是我国文学史上第一位伟大的爱国主义诗人,他开创了诗人由集体歌唱到个人独立创作的新时代。

B. 我国文学史素来将"风""骚"并称。"风"指《国风》,代指《诗经》,"骚"指《离骚》,代指《楚辞》。

C. 我国诗歌发展史上有两大优秀传统,其中现实主义源头是《诗经》,浪漫主义则创始于《楚辞》。

D. "楚辞"有两个含义:一是指屈原创制的一种诗歌体裁;另一个是指刘向辑录的屈原作品集。

## 二、课外拓展练习

阅读《橘颂》,完成1~4题。

### 橘 颂

### 屈 原

后皇①嘉树,橘徕服②兮。受命不迁,生南国兮。深固难徙,更壹志兮。绿叶素荣,纷其可喜兮。曾枝剡棘,圆果抟兮。青黄杂糅,文章烂兮。精色内白,类任③道兮。纷宜修,姱而不丑兮。苏世独立,横而不流兮。闭心自慎,终不失过兮。秉德无私,参天地兮。愿岁并谢,与长友兮。淑离④不淫,梗⑤其有理兮。年岁虽少,可师长兮。行比伯夷⑥,置以为像兮。

[注释] ①后皇:指天地之间。后,后土。皇,皇天。
②徕服:指生来就适应当地的气候、土壤。徕,同"来"。服,适应。
③类任:类似能担负重任的人。
④淑离:美丽。
⑤梗:正直。
⑥伯夷:商末人,为孤竹君之长子。周灭商后,他耻于食周粟,而饿死于首阳山。

1. 下列加点的词语解释不对的一项是(    )。
   A. 纷其可喜兮(美丽茂盛的样子) 曾枝剡棘(锋利)
   B. 圆果抟兮(通"团",指橘子长得圆美) 纷缊宜修(美好)
   C. 精色内白(美丽的颜色) 廓其无求兮(宽阔)
   D. 苏世独立(在世上保持清醒) 横而不流兮(不随从流俗)
2. 这首诗歌的主题是什么?

3. 这首诗可以分为几个部分？各部分大意是什么？


4. 试简析本诗的主要写法。

# 孔雀东南飞

## 一、基础训练

1. 下列加点字的读音及词语解释完全正确的一组是（　　）。
   A. 箜篌(kōng hòu)　　　　　　　公姥(mǔ)：公婆，这里偏指婆婆
      伶俜(líng pīng)：孤单的样子
   B. 腰襦(rú)：齐腰的短袄　　　　葳蕤(wēi ruí)：草木繁盛貌
      遗施(yí)：赠送、施与
   C. 玳瑁(dài mào)　　　　　　　磐石(pán)：厚重巨大的石头
      誓违(qiān)：违背，违反
   D. 踯躅(zhí zhú)：徘徊不前　　　鲑珍(xié)：鱼类菜肴，各种美味
      赍钱(jī)：赠送钱财
   E. 白鹄舫(hú fǎng)：舫，船　　　青骢马(zōng)
      龙子幡(fān)：旗帜名　　　　　金镂鞍(lòu)

2. 下列选项中字形全对的一组是（　　）。
   A. 窈窕　　榻床　　嬉戏　　彷徨
   B. 马鞍　　娇逸　　外欲暑　　葳蕤
   C. 驻足　　赍钱　　责无旁待　　如丧考妣
   D. 题跋　　汗牛充栋　　蓬荜生辉　　炙手可热

3. 与"旦日不可不蚤自来谢项王"中的"谢"字用法相同的一句是（　　）。
   A. 谢家来贵门　　　　B. 多谢后世人
   C. 阿母谢媒人　　　　D. 谢家事夫婿

4. 下面"适"字用法相同的一组是（　　）。
   A. 适得府君书　　　　从上观之适与地平
   B. 处分适兄意　　　　适大病，不能行
   C. 始适还家门　　　　奴辈适至
   D. 适彼乐土　　　　　余自齐安舟行适临汝

5. 下列加点词语不属于同一语言现象的是（　　）。
   A. 便可白公姥　　　　　B. 昼夜勤作息
   C. 我有亲父母，逼迫有弟兄　　D. 否泰如天地

6. 下列选项中加点字的解释有误的一项是（　　）。
   A. 可怜体无比（可爱）　　　　幸可广问讯（幸运地）
   B. 会不相从许（一定）　　　　渠会永无缘（他；见面）
   C. 始适还家门（出嫁）　　　　适得府君书（刚才）
   D. 可以卒千年（终、尽）　　　逆以煎我怀（逆料、想到将来）

7. 默写。

① 足下蹑丝履，_____。_____，_____。
_____，_____。_____，_____。

② 君当作磐石，_____，_____，_____。

③ 举手长劳劳，_____。

④ 磐石方且厚，_____；_____，_____。

⑤ 生人作死别，_____？_____，_____！

8. 翻译句子。

① 多谢后世人，戒之慎勿忘。

译：_____。

② 女行无偏斜，何意致不厚？

译：_____。

③ 虽与府吏要，渠会永无缘。

译：_____。

9. 下列几句中最能概括焦仲卿忠于爱情敢于反抗的一项是( )。
①府吏闻此变，因求假暂归。　②今若遣此妇，终老不复取。
③故作不良计，勿复怨鬼神。　④府吏再拜还，长叹空房中。
⑤奄奄黄昏后，寂寂人定初。　⑥徘徊庭树下，自挂东南枝。
A. ①④⑤　　B. ②③⑥　　C. ①②⑤　　D. ③④⑥

10. 下面几句理解不正确的一项是( )。

A. "贺卿得高迁，磐石方且厚"：刚开始焦仲卿对刘兰芝有所误会。

B. "著我绣夹裙，事事四五通"：刘兰芝临别时故意精心修饰，作为对封建家长制的无言的挑战。

C. "命如南山石，四体康且直"：这一句暴露了焦仲卿的软弱性。

D. "我命绝今日，魂去尸长留"：表明刘兰芝忠于爱情义无反顾。

11. 下列说法有误的一项是( )。

A. 《孔雀东南飞》原题为"古诗为焦仲卿妻作"。它是我国古代最长的抒情诗，也是古乐府民歌的代表作之一，与北朝的《木兰辞》并称"乐府双璧"。

B. "鸡鸣入机织，夜夜不得息。"其中的"鸡鸣"是古代时辰的名称。

C. "何乃太区区"和"感君区区怀"中的"区区"二字意义不同，前者为"愚拙、凡庸"之意，后者应理解为"真情挚意"。

D. "便利此月内，六合正相应。"这句中的"便利"是一个古今义不同的词语，"六合"与《过秦论》中的"履至尊而制六合"中"六合"意义不同。

12. 分析下列诗句的含义，选出最佳答案。

(1) "妾不堪驱使，徒留无所施，便可白公姥，及时相遣归。"这里兰芝自请遣归的原因是( )

A. 兰芝不堪凌虐，深知被遣乃形势所趋，毅然以此维护自己人格的尊严。

B. 兰芝不能承受繁重的操劳,深知自己与婆婆的矛盾不可能得到缓解,愤然以此作为对婆婆的反抗。

C. 兰芝不堪凌虐,深知婆婆与自己水火不能相容,只能以此作为脱离苦海的方法。

D. 兰芝不能忍受孤苦的处境,深感在焦家当媳妇的艰难,于是以此警告丈夫和婆婆,表明自己的愤懑。

(2)"著我绣夹裙,事事四五通。足下蹑丝履,头上玳瑁光。腰若流纨素,耳著明月珰。指如削葱根,口如含朱丹。纤纤作细步,精妙世无双。"这些诗句着力铺陈的作用是(　　)

A. 表明兰芝恋恋难舍,强作精神,掩饰内心的哀怨。

B. 表明兰芝不甘示弱,有意在婆婆面前示威。

C. 写出兰芝的美丽,突出她坚忍刚强,从容自如的性格。

D. 写出兰芝有意装饰,绝不肯受别人歧视的心理。

(3)"兰芝仰头答:'理实如兄言。谢家事夫婿,中道还兄门。处分适兄意,那得自任专!虽与府吏要,渠会永无缘。登即相许和,便可作婚姻。'"她的话表明(　　)

A. 兄长所言虽然不合情,但合理,应该遵从。

B. 终究给兄长添了不少麻烦,理应遵从兄长安排。

C. 自己无可奈何,只好听凭兄长的处置安排。

D. 对兄长有清醒的认识,不抱任何幻想。

(4)"青雀白鹄舫,四角龙子幡。婀娜随风转。金车玉作轮,踯躅青骢马,流苏金镂鞍。赍钱三百万,皆用青丝穿。杂彩三百匹,交广市鲑珍。从人四五百,郁郁登郡门。"这样极力铺排太守迎娶的场面,作用是(　　)

A. 表现兰芝的身价,反衬焦母的愚陋专横。

B. 表现兰芝的身价,反衬她的悲惨命运,加深悲剧气氛。

C. 太守家的重视与焦母的凌虐形成鲜明对比,表现焦母的专横无理。

D. 隆重的迎娶与兰芝的愁苦形成鲜明对比,表现兰芝对爱情的忠贞。

13. 按原诗故事发展顺序排列下面的情节。

①仲卿求情　②焦母斥子　④兰芝请归　④兰芝整装　⑤兰芝拜别　⑥仲卿慰妻　⑦中途密誓　⑧兰芝还家　⑨太守遣媒　⑩兰芝拒婚　⑪县令遣媒　⑫阿兄逼嫁　⑬兰芝备嫁　⑭太守筹婚　⑮仲卿别母　⑯相约殉情　⑰仲卿自缢　⑱兰芝投水

顺序依次是_____。(只写序号)

14. 用比兴开头是民歌中常见的手法,这首诗的开头就是以"孔雀东南飞,五里一徘徊"起兴的。请你说说兴的特点是什么?这样开头有什么作用?

15. 这首诗的情节发展有两条线索,这两条线索是交错发展的,请说说这样安排情节对表现人物性格和深化主题有什么作用。

二、课外拓展练习

(一)阅读《木兰诗》,回答1~5题。

### 木兰诗①

唧唧复唧唧,木兰当户织。不闻机杼声,惟闻女叹息。

问女何所思,问女何所忆。女亦无所思,女亦无所忆。昨夜见军帖,可汗大点兵,军书十二卷,卷卷有爷名。阿爷无大儿,木兰无长兄,愿为市鞍马,从此替爷征。

东市买骏马,西市买鞍鞯,南市买辔头,北市买长鞭。旦辞爷娘去,暮宿黄河边,不闻爷娘唤女声,但闻黄河流水鸣溅溅。旦辞黄河去,暮至黑山头,不闻爷娘唤女声,但闻燕山胡骑鸣啾啾。

万里赴戎机,关山度若飞。朔气传金柝,寒光照铁衣。将军百战死,壮士十年归。

归来见天子,天子坐明堂。策勋十二转,赏赐百千强。可汗问所欲,木兰不用尚书郎;愿驰千里足,送儿还故乡。

爷娘闻女来,出郭相扶将;阿姊闻妹来,当户理红妆;小弟闻姊来,磨刀霍霍向猪羊。开我东阁门,坐我西阁床,脱我战时袍,著我旧时裳,当窗理云鬓,对镜帖花黄。出门看火伴,火伴皆惊忙:同行十二年,不知木兰是女郎。

雄兔脚扑朔,雌兔眼迷离;双兔傍地走,安能辨我是雄雌?

1. 结合《孔雀东南飞》分析,两首诗各主要写了什么内容?所体现出的情感和气氛有何区别?

---

①《木兰诗》,北朝民歌,也是我国古典诗歌中不可多得的优秀叙事长诗之一,选自宋代郭茂倩编的《乐府诗集》,与《孔雀东南飞》一起被称为我国文学史上"乐府双璧"。

2. 第三段写木兰购买战马,乘马以及迅速踏上征途,马不停蹄日行夜宿时各用了什么修辞手法?这些修辞手法在本文中有何作用?

3. 把"朔气传金柝,寒光照铁衣"这句话翻译成现代文。

4. "将军百战死,壮士十年归"一句用了何种修辞手法?表现了当时的什么场面?

5. 用自己的语言概括木兰的形象。

(二)阅读下面的诗句,回答6~10题。

### 秦中吟·买花

#### 白居易

帝城春欲暮,喧喧车马度。共道牡丹时,相随买花去。
贵贱无常价,酬值看花数。灼灼百朵红,戋戋五束素。
上张幄幕庇,旁织笆篱护。水洒复泥封,移来色如故。
家家习为俗,人人迷不悟。有一田舍翁,偶来买花处。
低头独长叹,此叹无人谕。一丛深色花,十户中人赋。

6. 白居易是唐代继李白、杜甫之后,又一位产生了重大影响的大诗人,是唐代新乐府运动的倡导者。他认为写诗作文的目的应该是什么?用其诗句回答。

7. 本诗的类型属于讽喻诗。讽喻诗直接继承了杜甫诗歌的敢于正视现实、抨击黑暗的优秀传统。请写出本诗中最能体现上层贵族奢侈生活的诗句。

8. 本诗从内容上一般可以分为前后两大部分,请划分层次并简单归纳每层的含义。

9. 本诗的主题是什么?认真阅读诗歌,分析本诗是如何突出这个主题的。

10. 结合当前实际,本诗有何现实指导意义?

(三)阅读下面的文章,回答 11~12 题。

## 陌上桑

日出东南隅,照我秦氏楼。秦氏有好女,自名为罗敷。罗敷善蚕桑,采桑城南隅。青丝为笼系,桂枝为笼钩。头上倭堕髻,耳中明月珠;缃绮为下裙,紫绮为上襦。行者见罗敷,下担捋髭须。少年见罗敷,脱帽著帩头。耕者忘其犁,锄者忘其锄;来归相怨怒,但坐观罗敷。使君从南来,五马立踟蹰。使君遣吏往,问是谁家姝。"秦氏有好女,自名为罗敷。""罗敷年几何?""二十尚不足,十五颇有余。"使君谢罗敷,"宁可共载不?"罗敷前致词:"使君一何愚!使君自有妇,罗敷自有夫。东方千余骑,夫婿居上头。何用识夫婿?白马从骊驹,青丝系马尾,黄金络马头;腰中鹿卢剑,可值千万余,十五府小吏,二十朝大夫,三十侍中郎,四十专城居。为人洁白皙,鬑鬑颇有须;盈盈公府步,冉冉府中趋。坐中数千人,皆言夫婿殊。"

11. 请分析本诗是采用什么手法描写罗敷的美貌的?并举原文说明。

12. 本诗中的罗敷是一个什么样的形象?

## 诗三首

### 一、基础训练

1. 按要求用课文原句填空。
   (1)《涉江采芙蓉》中表现抒情主人公形象雅洁,情感纯洁美好的诗句是_____,_____。
   (2)《短歌行》中以_____,_____喻自己胸怀宽广,招揽人才越多越好。
   (3)《归园田居》中表现诗人厌恶官场,回归自然的心情的诗句有_____,_____。_____,_____。_____,_____。

2. 给下列加粗字的注音并释义。
   (1) 采之欲**遗**谁(　　)_____　　(2) 青青子**衿**(　　)_____
   (3) 何时可**掇**(　　)_____　　(4) 周公吐**哺**(　　)_____
   (5) **羁**鸟恋旧林(　　)_____　　(6) 榆柳**荫**后檐(　　)_____

3. 下列加粗的字读音全都正确的一项是(　　)。
   A. 青青子**衿**(jīn)　　**呦呦**(yāo)鹿鸣　　越**陌**(mài)度阡
   B. 鼓瑟吹**笙**(shēng)　　绕树三**匝**(zā)　　**暧**(ǎi)暧远人村
   C. **羁**(jī)鸟恋旧林　　狗**吠**(fèi)深巷中　　久在**樊**(fán)笼中
   D. 守**拙**(zuó)归园田　　周公吐**哺**(bú)　　榆柳**荫**(yìn)后檐

4. 下列词句书写错误的一组是(　　)。
   A. 月明星稀　　误落尘网中　　鸡鸣桑树颠
   B. 我有嘉宾　　长路漫浩浩　　池鱼思故渊
   C. 譬如朝露　　兰泽多芳草　　桃李罗堂前
   D. 契阔谈䜩　　复得反自然　　少无适俗韵

5. 下列加粗词的解释不恰当的一项是(　　)。
   A. 长路**漫**浩浩　　　　漫:广阔无尽的样子
   B. 枉用相**存**　　　　　存:生存
   C. **守拙**归园田　　　　守拙:守住愚拙,这是谦虚的说法。
   D. **契阔**谈䜩　　　　　契阔:聚散,这里有久别重逢的意思。

6. 下列各句的分析不正确的一项是(　　)。
   A. 对酒当歌,人生几何——感叹时光飞逝,人生苦短,应饮酒作歌及时行乐。
   B. 青青子衿,悠悠我心——表达了诗人仰慕天下贤士,思念之情绵绵不断。
   C. 少无适俗韵,性本爱丘山——从小就没有迎合世俗的本性,天性原来喜爱山川田园间的生活。
   D. 同心而离居,忧伤以终老——彼此心同而身处两地,忧伤将伴随我们到老。

7. 对下列古诗分析不当的一项是( )。
    A. 移舟泊烟渚,日暮客新愁。野旷天低树,江清月近人。——这首诗的后两句是古来名句,被誉为"神韵无伦",作者借景抒情,含蓄地表达出淡淡的乡愁。
    B. 此地别燕丹,壮士发冲冠。昔时人已殁,今日水犹寒。——这首诗写出诗人在易水想起当年荆轲壮别的场面,表达了对荆轲及其业绩的钦仰之情。
    C. 茅檐长扫净无苔,花木成畦手自栽。一水护田将绿绕,两山排闼(排闼 tà:推门而入)送青来——这首诗描写了山下农家初夏景色,"护田""排闼"两句用拟人手法,把静景写得活灵活现。
    D. 多情却似总无情,唯觉樽前笑不成。蜡烛有心还惜别,替人垂泪到天明。——是一首感情真挚的离别诗,后两句用夸张手法,直抒胸臆,表达了离别的痛苦。

8. 以下六首绝句分别描写了四季的景物。按春夏秋冬分类正确的一组是( )。
    ①六出飞花入户时,坐看青竹变琼枝。如今好上高楼望,盖尽人间恶路枝。
    ②失群寒雁声可怜,夜半单飞在月边。无奈人心复有忆,今蝗将渠俱不眠。
    ③黑云翻墨未遮山,白雨跳珠乱入船。卷地风来忽吹散,望湖楼下水如天。
    ④梅子留酸软齿牙,芭蕉分绿与窗纱。日常睡起无情思,先看儿童捉柳花。
    ⑤胡鹰掣旋北风回,草尽平原使马开。臂上角弓如却月,当场意气射生来。
    ⑥一树寒梅白玉条,迥临村里傍溪桥。不知近水花先发,疑是经冬雪未消。
    A. ④/③/②⑤/①⑥　　　　B. ①/③④/②/⑤⑥
    C. ⑥/③④/②/①⑤　　　　D. ①④/③/⑤/②⑥

9. 将下列诗句按作者分类,正确的一项是( )。
    ①采菊东篱下,悠然见南山。
    ②霰雪纷其无垠兮,云霏霏其承宇。
    ③长风破浪会有时,直挂云帆济沧海。
    ④七八个星天外,两三点雨山前。
    ⑤暧暧远人村,依依墟里烟。
    ⑥枝枝相覆盖,叶叶相交通。
    ⑦俄顷风定云墨色,秋天漠漠向昏黑。
    ⑧山寺月中寻桂子,郡亭枕上看潮头。
    ⑨路漫漫其修远兮,吾将上下而求索。
    ⑩烽火连三月,家书抵万金。
    A. ②⑨③/①⑤⑩/④/⑦/⑥
    B. ②⑨/⑤⑥/①⑩/③⑦/④/⑧
    C. ①⑤/②⑨/⑦⑩/③/④/⑧/⑥
    D. ②⑨③/⑤④/①⑩/⑦/⑧/⑥

10. 下列叙述错误的一项是( )。
    A. 《涉江采芙蓉》选自《古诗十九首》,《古诗十九首》的艺术成就是十分突出的,独特的抒情艺术风格,使这些作品成为我国文学史上早期抒情诗的典范。
    B. 《短歌行》是曹操的作品,他的诗歌受乐府民歌的影响很深,但富有创造性,气魄雄伟,情调苍凉悲壮。

C.《归田园居》的作者陶渊明自号五柳先生,东晋时期著名诗人,我国诗歌史上"山水田园"诗风的开创者。

D. 建安时代的诗文内容充实,感情充沛,被后人尊为典范,称"建安风骨"。

11. 翻译下列语句。

(1)夫人之相与,俯仰一世。

译文:

(2)固知一死生为虚诞,齐彭殇为妄作。

译文:


## 二、课外拓展练习

阅读陶渊明的《饮酒》诗,完成1～5题。

### 饮 酒

陶渊明

结庐在人境,而无车马喧。
问君何能尔?心远地自偏。
采菊东篱下,悠然见南山。
山气日夕佳,飞鸟相与还。
此中有真意,欲辨已忘言。

1. 加粗词语的解释不正确的一项是(　　)。

    A. **结庐**在人境　(造房)

    B. **心远**地自偏　(精神超脱世俗)

    C. **悠然**见南山　(安闲自得)

    D. 飞鸟**相**与还　(互相参与)

2. 对诗句赏析不恰当的一句是(　　)

    A. 这首诗绘声绘色地描写了田园生活的喜人情趣,充满诗情画意,生趣盎然,沁人心脾。

    B. 诗歌写的是田园生活的美好和作者对归隐生活的热爱,反映作者清高的思想和恬静、愉快的心情。

    C. "采菊"两句,用白描手法刻画了一个悠然自得的诗人形象。

    D. 本诗的语言简洁自然,婉曲含蓄。"心远"二字是全篇的主旨。

3. 对"结庐"以下四句,理解正确的是(　　)

    A. 重在表明脱离官场后住处的清静。

    B. 重在表明对清静住处的满意心情。

    C. 重在表明因住处清静,所以心里远离官场。

D. 重在表明心里远离官场,因而住处清静。
4. 对这首诗的分析与鉴赏,不恰当的一项是(　　)
   A. 这首诗通过对眼前景物的叙写,说明"心远地自偏"的道理,表现了作者从自然景物中获得乐趣的恬淡心情。
   B. 这首诗虽然不曾号召人们对黑暗的官场采取激烈的斗争方式进行反抗,却启示人们蔑视那丑恶污秽的现实。
   C. 本诗分两个层次。前四句为第一层,"采菊东篱下"以下六句为第二层。
   D. 本诗语言简洁自然,明白显豁。诗人要表现的追求蕴藏在所描写的景象之中。
5. "此中有真意,欲辨已忘言",句中"此"指代的是_____,"真意"指_____,而"忘言"则是因为_____。

# 再别康桥

**基础训练**

1. 下列词语中没有错别字的一项是（　　）。
   A. 河畔　揣靡　云彩　神采飞扬
   B. 斑谰　漪轮　诚恳　开肯土地
   C. 溶解　融化　悲愤　奋勇向前
   D. 家圆　山峦　犹郁　犹豫不决

2. 下列音节划分不当的一项是（　　）。
   A. 在/康河的/柔波里，我/甘心做/一条水草
   B. 这里/断不是/美的/所在
   C. 它/歌唱在/一片/枯槁的/树顶上
   D. 向/青草更青处/漫溯

3. 下列句中所使用的修辞方法不同于其他三句的一项是（　　）。
   A. 小珠们笑声变成大珠，又被偷酒的花蚊咬破
   B. 我歌唱在一片枯槁的树顶上
   C. 我轻轻地招手，作别西天的云彩
   D. 我挥一挥衣袖，不带走一片云彩

4. 加点字的读音正确的一项是（　　）。
   A. 再让油腻织一层罗绮（qí）
   B. 让死水酵成一沟绿酒（xiào）
   C. 向青草更青处漫溯（sù）
   D. 在星光斑斓里放歌（bān làn）

5. 对这首诗的解说，不恰当的一项是（　　）。
   A. 开篇第一节点明"再别"，连用三个"轻轻的"形成轻柔而优美的旋律，把读者带入一种欣喜乃至礼赞的意境中。
   B. 第二至四节，诗人用"金柳""艳影""青荇""榆荫下的一潭""彩虹似的梦"等一系列色彩鲜明的意象描绘康河的美景，抒发眷恋之情。
   C. 第五、六两节，诗人的情绪由舒缓转向激昂，想"在星辉斑斓里放歌"；但接着跌落回离别的现实，两个"沉默"表达了诗人无尽的惆怅。
   D. 最末一节，以两个"悄悄"紧承上一节的"悄悄"和"沉默"，而且与首节遥相呼应，但诗人的情绪已由淡淡的忧郁变得更加惆怅与伤感了。

6. 对这首诗的赏析，不恰当的一项是（　　）。
   A. 这首诗像一支优美的乐曲，缠绵深婉的诗句随着轻柔起伏的旋律流淌出来，回环往复，一唱三叹，余音袅袅。

B. 这首诗像一幅生动的画卷,一系列近乎完美的色彩变幻与意象组合形成流动的气韵,艳丽而又幽雅,飘逸中见静穆。

C. 这首诗具有完美的形式结构,每节诗四句,每个诗句基本上由三顿构成,匀称,和谐,于清新活泼中求整饬。

D. 这首诗极好地体现了新格律诗派独特的美学追求,但唯美主义也在一定程度上妨碍了作品思想内容的表达。

7. 第一节诗中用了三个"轻轻的",从修辞角度讲,可以看作是什么修辞?表达了诗人怎样的思想感情?

8. 对下面这首诗的赏析,不恰当的一项是(　　)。

### 偶　然

#### 徐志摩

我是天空里的一片云,
偶尔投影在你的波心——
你不必讶异,
更无须欢喜——
在转瞬间消灭了踪影。

你我相逢在黑夜的海上,
你有你的,我有我的,方向;
你记得也好,
最好你忘掉,
在这交会时互放的光亮!

A. 这首诗把"偶然"这样一个极为抽象的时间副词形象化,充满情趣,富有哲理,不但珠圆玉润,朗朗上口,而且余味无穷,溢于言外。

B. 此诗写的是两件比较实在的事情,一是天空里的云偶尔投影在水里的波心,二是"你""我"(都是象征性的意象)相逢在海上。

C. 如果我们用"我和你""相似"之类的标题,当会富有诗味。

D. "云""波""你""我""黑夜的海""互放的光亮"等意象及其之间的关系构成,都可以因为读者个人情感阅历的差异,及体验强度的深浅而进行不同的理解。

# 雨 巷

**基础训练**

1. 给下列加点字词注音。

彷徨(　　)　　徘徊(　　)　　彳亍(　　)
惆怅(　　)　　颓废(　　)　　颓唐(　　)
颓圮(　　)　　迷茫(　　)　　芒(　　)刺在背
雨巷(　　)　　巷(　　)道　　走尽(　　)　　尽管(　　)

2. 下列各组中加点字注音无误的一项是(　　)。
   A. 撑(zhǎng)着　　彷(páng)徨　　凄(qī)清　　巷(xiàng)道
   B. 彳亍(chì chù)　　凄婉(wǎn)　　颓圮(pǐ)　　迷茫(méng)
   C. 河畔(pàn)　　荡漾(yàng)　　青荇(xìng)　　长篙(gāo)
   D. 斑斓(lán)　　沉淀(dìng)　　似(sì)的　　泥(nì)古

3. 下列解说不正确的一项是(　　)。
   A. 戴望舒是我国现代诗人,主要诗集有《我的记忆》《望舒草》《望舒诗稿》《灾难的岁月》。
   B. 《雨巷》是戴望舒早期的成名作和代表作,诗歌发表后产生了较大影响,诗人也因此被称为"雨巷诗人"。
   C. 戴望舒早期的诗歌受西方印象派的影响,意象朦胧、含蓄。
   D. 后期诗歌主要表现热爱祖国、憎恨侵略者的强烈感情和对美好未来的热烈向往,诗风明朗、沉挚。

4. 对《雨巷》的赏析不正确的一项是(　　)。
   A. 诗人在《雨巷》中创造了一个丁香一样的结着愁怨的姑娘。这受中国古代诗词的启发,用丁香结(丁香的花蕾)来象征人的愁心。
   B. 《雨巷》运用了象征的手法。诗中的"我""雨巷""姑娘"并非是对生活的具体写照,而是充满了象征意味的抒情形象。
   C. 诗中借江南小巷的阴沉来象征当时社会的黑暗;"我"在黑暗中迷失了方向,找不到出路,充满了迷惘和绝望。
   D. 《雨巷》运用了复沓重唱手法,造成了回环往复的旋律,强化了音乐效果,替新诗的音节开了一个新纪元。

5. 下列词语没有错别字的一项是(　　)。
   A. 一肚子委屈　　委曲求全　　鸦鹊无声　　冰雪溶化　　水乳交溶
   B. 垂头丧气　　擅自处理　　出生在晚上　　寻物启示　　授予奖状
   C. 金榜提名　　品味老师的话　　情况相像　　萧条　　歪风斜气
   D. 模型　　反省　　生活必需品　　旋律　　报仇雪恨

6. 下列句子没有语病的一句是(　　)。
   A. 和祖国一起长大的这一代人,经历了风雨考验,在建设四化的伟大事业中正在发挥着重要作用。

B. 由北京人民艺术剧院复排的大型历史话剧《蔡文姬》定于5月1日在首都剧院演出,日前正在紧张地排练之中。

C. 他为家乡主编的致富信息小报,信息量大,可读性强。每月印出来后,不到一小时的时间里,数百份小报就被老乡们索要一空。

D. 雷锋精神当然要赋予它新的内涵,但谁又能否认现在还需要学习雷锋呢?

7. 下列各句中,加点的成语使用恰当的一句是(　　)。

A. 南京的首场古董挂表拍卖会结果差强人意,美国收藏家协会会员项明华收藏的23款古董挂表昨天仅仅拍出了一块——华生1906年产的银壳钻挂表以底价1 300元拍出。

B. 姚明本赛季不仅能在内线强打得分,而且也能在外线投篮命中,表现近乎完美。他能取得今天的成功,并不是一挥而就的,而是与他过去几个赛季的努力分不开的。

C. 为提高公路建设质量,省交通厅去年11月专门出台《河南省公路建设从业单位业绩信誉动态管理暂行办法》,旨在用"阳光作业"遏制"暗箱操作"。

D. 著名学者吴组缃教授生前说过"《红楼梦》的思想艺术成就被人们认识到的只是'表里山河',藏在水下的更多"。

8. 对下面这首诗的分析不正确的一项是(　　)。

### 秋天的梦

#### 戴望舒

迢迢的牧女的羊铃,摇落了轻的树叶。
秋天的梦是轻的,那是窈窕的牧女之恋。
于是我的梦是静静地来了,但却戴着沉重的昔日。
唔,现在,我是有一些寒冷,一些寒冷和一些忧郁。

A. 这首诗实际上写了两个"秋天的梦":"牧羊女的梦"和"我的梦"。是"我"听到牧羊女的诉说而引发了自己的梦。

B. 牧羊女的梦是"牧女之恋",从全诗的思路脉络看,能够判断"我的梦"也是"有关恋情的"。正是因情入梦,以梦抒情。

C. "牧羊女的梦"像羊铃那样迢遥,像落叶那样曼妙,是清纯而温暖的。"我的梦",则是沉重、寒冷、忧郁的。

D. 全诗四节,形成了一个对应式结构,许多信息就是从对应、对比中传达出来的,显得简洁而又有蕴藉。

# 致大海

**基础训练**

1. 下列词语中加点的字,每对读音都不相同的一组是（　　）。
   A. 拾掇/拾级而上　　殉国/徇私　　答谢/答理
   B. 激励/变本加厉　　提防/提案　　选择/择菜
   C. 要塞/道路堵塞　　积蓄/牲畜　　干劲/劲敌
   D. 肄业/茶楼酒肆　　调整/调查　　和谐/协助

2. 下列词语中没有错别字的一项是（　　）。
   A. 幽静　　汹涌　　波澜　　喑哑
   B. 蔷薇　　寂寥　　惆胀　　愁怨
   C. 惊愕　　悄然　　疲倦　　劳什子
   D. 脉搏　　圆滑　　遗憾　　光怪陆离

3. 简答题。
   ① 诗人为什么要对大海进行礼赞？


   ② 面对大海,诗人感到悲伤痛苦的原因是什么？


   ③ 面对大海,诗人为什么由大海而想起与大海有关的英雄拿破仑和伟大诗人拜伦？


4. 语言运用题。
   　　以"爱心"为陈述对象,仿造下面的句式,续写两个恰当的比喻句,使之构成一组排比句。
   爱心是一片照射在冬日的阳光,使贫病交迫的人感到人间的温暖；
   爱心是_____；
   爱心是_____。

5. 依次填入下面横线处的句子,与上下文衔接最恰当的一组是（　　）。
   　　母亲是外地人,村里那些嘴尖舌利的三姑六婆们欺负她离娘家远,加上她小时候因家里穷被卖到地主家当过丫头,做过童养媳,她们就常在母亲身后或点点戳戳,或指桑骂槐。_____,_____,_____。
   ①于是就难免要跟那些泼妇论理讨公道。
   ②泼妇们拉大嗓门粗脖子,母亲也不甘示弱地以眼还牙,以眼还眼,有时也被气得蹬了脚跟拍巴掌。

③母亲哪听得了这种话中之话?

A. ①②③    B. ③①②    C. ③②①    D. ②③①

6. 阅读题。

① 普希金的数学:少年时,普希金就想成为一名诗人。一次,数学教员让他在黑板前演算代数题。他只胡乱地写了几条公式。"结果怎么样?$x$ 等于什么?""等于零。"普希金笑着回答。"您,普希金,在我这门课上一切结果都是零。您还是写诗去吧!"教员说着,把普希金撵出了教室。

这则素材可应用于_____等话题中。

② 普希金《致大海》:用诗人的激情战斗,即使换来的是溪流般的磕磕碰碰,也绝不回头;目光指向大海的自由与光明,用生命刻在剑锋上的光芒,追求至高无上的爱情,即使命丧黄泉,也依然活在情深处。

这则素材可应用于_____等话题中。

# 我愿意是急流

## 一、基础训练

1. 下列加点字的注音有误的一项是(　　)。
   A. 喧响(xuān)　暴虐(nüè)　屏幕(píng)　屏除(bǐng)
   B. 珊瑚(shān)　颤抖(chàn)　投奔(bèn)　奔放(bēn)
   C. 沉浸(jìn)　徘徊(huái)　丧事(sāng)　丧气(sàng)
   D. 倾听(qūn)　束缚(fù)　更改(gēng)　更加(gèng)

2. 下面各组词语中有错别字的一项是(　　)。
   A. 寒暄　矫正　一张一弛　穿流不息
   B. 顷刻　嘘气　义不容辞　出类拔萃
   C. 峭岩　鸟窠　披星戴月　殚精竭虑
   D. 骄傲　渲染　投机倒把　横渡长江

3. 下列各句中,没有语病的一句是(　　)。
   A. 世界卫生组织称,到10月20日,在越南共有91人感染禽流感,其中41人死亡,成为最大受害国。
   B. 对于城镇企事业单位的就业人群,政府应该通过立法强制性地实施雇主与雇员共同购买城镇职工医疗保险的措施,并且确保雇主承担不低于百分之八十的医疗保险费用。
   C. 600年前,郑和率船队七下西洋,历时28年,遍历亚非30多个国家和地区,开创了中国历史上海上探索与交流。
   D. 姚明与叶莉这对相恋七年的体坛情侣,从昨天开始将翻开各自人生旅程中新的一页。

4. 填入下面横线处的句子,与上下文衔接最恰当的一组是(　　)。
   我愿所有的过去和未来的泪珠,_____！我愿将满腔的忧愤,_____！我愿将凄切的悲歌,_____！我愿以绵绵的情丝,_____！我愿以热烈的一颗赤心,_____！
   ①诉之于春风　②都付之流水　③浮之于太空　④挂之于树梢　⑤给与林间鸟鸣
   A. ②①⑤④③　　B. ②⑤③①④　　C. ①③④⑤②　　D. ②⑤④③①

5. 仿照下面的比喻形式,另写一组句子。要求选择新的本体和喻体,意思完整。(不要求与原句字数相同)
   童年是旭日,老年是夕阳,岁月充满变幻的风云,理想则是人生永远的北斗。

## 二、课外拓展练习

　　阅读下面的诗歌,然后回答1~3题。

## 豹
### ——在巴黎动物园

里尔克

它的目光被那走不完的铁栏
缠得这般疲倦,什么也不能收留。
它好像只有千条的铁栏杆,
千条的铁栏后便没有宇宙。
强韧的脚步迈着柔软的步容,
步容在这极小的圈中旋转,
仿佛力之舞围绕着一个中心,
在中心一个伟大的意志昏眩。
只有时眼帘无声地撩起——
于是有一幅图像侵入,
通过四肢紧张的静寂——
在心中化为乌有。

1. 自然状态下的豹具有什么样的本性？里尔克笔下的这只豹又具有什么样的特点？

2. 这只豹的生存状态象征了什么？由此引发了你对生命状态怎样的思考？

3. 通过学习《我愿意是急流》,联系现实,谈谈你的爱情观。

## 琵琶行 并序

**基础训练**

1. 下列加点词的解释有误的一项是(　　)。
   A. 命曰《琵琶行》 （命:取名）
   B. 凡六百一十六言 （言:字）
   C. 如听仙乐耳暂明 （暂:暂时）
   D. 却坐促弦弦转急 （却:退回）

2. 下列各句中加点的词语的意义与现代汉语最接近的一项是(　　)。
   A. 弟走从军阿姨死,暮去朝来颜色故。
   B. 门前冷落车马稀,老大嫁作商人妇。
   C. 沉吟放拨插弦中,整顿衣裳起敛容。
   D. 感我此言良久立,却坐促弦弦转急。

3. 从下面选出一个从侧面描写琵琶弹奏得很精彩的句子是(　　)。
   A. 转轴拨弦三两声,未成曲调先有情
   B. 东船西舫悄无言,唯见江心秋月白
   C. 我闻琵琶已叹息,又闻此语重唧唧
   D. 感我此言良久立,却坐促弦弦转急

4. "左迁""出官""迁谪"等词涉及古代官职的变化,下列判断不正确的一项是(　　)。
   A. 这三个词语表示白居易被贬官降职。
   B. "左迁"是贬官降职的意思,与之相反的是"右迁""拜""除"等。
   C. "出官"是外出做官,不涉及官职升降。
   D. "迁谪"是贬官的意思。"迁"是指官职的变化,"谪"是被罚流放或贬职的意思。

5. 下列各句中句式特点与其他三句不相同的一项是(　　)。
   A. 是夕始觉有迁谪意
   B. 江州司马青衫湿
   C. 使快弹数曲
   D. 妆成每被秋娘妒

6. 完成下列句子中的空缺部分。
   (1)《琵琶行(并序)》一诗中的环境描写耐人寻味,开头"＿＿＿＿"用月光烘托了当时的惨淡气氛;听琵琶女演奏完毕又以"＿＿＿＿"表现了听者陶醉其间如梦初醒的意态。
   (2)诗人对琵琶女的演奏,用了一连串的比喻来形容。用"＿＿＿＿,＿＿＿＿。＿＿＿＿,＿＿＿＿"来形容旋律舒缓流畅,忽强忽弱;用"＿＿＿＿,＿＿＿＿"来形容旋律由流畅婉转逐渐转为低沉凝涩;用"＿＿＿＿,＿＿＿＿"来形容曲调的高亢雄壮。
   (3)＿＿＿＿,此时无声胜有声。
   (4)同是天涯沦落人,＿＿＿＿!

（5）其间旦暮闻何物？_____。

**阅读下面这首诗，完成7～8题。**

### 夜闻歌者，时自京城谪浔阳宿于鄂州

*白居易*

夜泊鹦鹉洲，秋江月澄澈。
邻船有歌者，发调堪愁绝。
歌罢继以泣，泣声通复咽。
寻声见其人，有妇颜如雪。
独倚帆樯立，娉婷十七八。
夜泪似真珠，双双堕明月。
借问谁家妇，歌泣何凄切？
一问一沾襟，低眉终不说。

7. 诗中塑造了主人公怎样的形象？表达了诗人怎样的感情？

8. 试比较这首诗与《琵琶行（并序）》在思想内容方面的异同。

**阅读下面这首唐诗，完成9～10题。**

### 题元十八①溪居

*白居易*

溪岚漠漠树重重，水槛山窗次第逢。
晚叶尚开红踯躅②，秋芳初结白芙蓉。
声来枕上千年鹤，影落杯中五老峰。
更愧殷勤留客意，鱼鲜饭细酒香浓。

[注释]　①元十八：白居易被贬江州时结识的朋友，隐居于庐山五老峰下。
　　　　②踯躅：杜鹃花的别称。

9. 诗的前两联描绘了一幅怎样的景象？全诗表现了作者怎样的情感？

10. 请结合全诗赏析"影落杯中五老峰"一句。

阅读下面一首唐诗，完成11～12题。

### 听蜀僧濬弹琴

### 李 白

蜀僧抱绿绮①，西下峨眉峰。
为我一挥手，如听万壑松。
客心洗流水②，馀响入霜钟③。
不觉碧山暮，秋云暗几重。

[注释] ①绿绮：古代名琴。
②流水：借用"高山流水"的典故。
③霜钟：《山海经·中山经》载，丰山有九钟，霜降则鸣。

11. 诗的第二联中"一挥手"和"万壑松"分别表现了什么？

12. 结合全诗谈谈你对尾联"不觉碧山暮，秋云暗几重"的理解。

阅读下面这首宋词，完成13～14题。

### 阮郎归

### 无名氏①

春风吹雨绕残枝，落花无可飞。小池寒渌欲生漪，雨晴还日西。
帘半卷，燕双归。讳愁②无奈眉。翻身整顿着残棋，沉吟应劫③迟。

[注释]　①作者一作秦观。
　　　　②讳愁:隐瞒内心的痛苦。
　　　　③劫:围棋术语。

13. 词上半阕的景物描写对全词的感情抒发起了什么作用？请结合内容分析。

14. 末尾两句表现了词中人物什么样的情绪？是如何表现的？请简要阐述。

15. 扩展下面的语句，不少于100字。（要用上李白、杜甫、白居易三位诗人的名字）
翻开古诗文,你可以一一品味历史文人们深刻的思想感情。

# 应用文写作

# 第一单元　基础文书写作

## 启　事

一、阅读下列启事,找出不妥之处并修改。

（一）改错题1

找手机

本人不慎丢失苹果手机一部,导致生活很不方便,拾到者尽快交还给我。

张　华<br>2022 年 1 月 6 日

（二）改错题2

寻人启事

本人的奶奶估计因为突发性老年痴呆症发作于 1 月 2 日下午出走,直到现在还未回家,望各位发现后请联系××××××××,在此表示感谢。

（三）改错题3

寻物启事

本人于 1 月 9 日不慎丢失一个红色钱包,里面虽钱财不多,但证件对本人而言却十分重要,望拾到者速与本人联系,定有重谢。联系方式:××××××××。

二、2022 年 3 月，××中等职业技术学校举行办学五十周年系列庆祝活动。活动内容之一是面向全体校友开展"我与母校"的征文活动，请你写一份征文启事。

三、××市创艺装潢公司自 2022 年 1 月 1 日，将由原址搬迁到平江西路 28 号，电话号码变更为 56789100，请你为该公司撰写一则迁址启事。

# 请假条

一、阅读下列请假条,找出不妥之处并修改。

(一)改错题1

李老师:

  我因贵体欠安,不能来上课,请老师准假。

张三<br>2022 年 1 月 6 日

(二)改错题2

请假条

我因与男友定于 2022 年 1 月 9 日举行婚礼,需享受婚假待遇,特向公司请假三天。恳望批准。

  祝领导身体健康!

刘××

二、今天晚上要上英语课,你同宿舍的同学李明突然肚子疼,不能前去上课。请你代他给班主任写一张请假条。

三、××公司李明的朋友参加智力竞赛获得香港双人七日游的大奖,她邀请李明和她同去,否则票就浪费了,李明据此向公司老总请假。请代李明拟写一份请假条。

# 欠条、借条、收条

## 一、欠　条

（一）阅读下列欠条，找出不妥之处并修改。

1. 改错题1

今　欠

××××学院后勤处扫帚3把，洒水壶2个，水桶1个。

××系：周强<br>二零二一年三月十日

1. 改错题2

尚欠从体育器材处借到的足球5个，作上课之用，特留此据。

经手人：体育委员

（二）学校开运动会，你作为班级采购员从校园小卖部给运动员买水，暂时未付现金。请你写张欠条，等运动会开完后，一并结算。

（三）你们班举行毕业晚会，向学校后勤处借到音响器材若干，已还部分，尚欠音箱一对，麦克风四对，因还有另用，故写下欠条，三日后归还。请你以文艺委员的名义写一张欠条。

## 二、借　条

（一）阅读下列借条，找出不妥之处并修改。

1. 改错题 1

借　条

红星中学后勤处：
　　今向贵处借用学生住宿用的铁床 15 付,淡绿色的,半旧的。用完后归还。
　　谢谢
敬礼

新华中学（盖章）

2. 改错题 2

借　据

今借到××××有限公司财务处 1 500 元。

×××（盖章）
××××年××月××日

（二）上体育课,你们班需要向体育器材处借以下器材:足球 10 个,排球 5 个,跳绳 10 根,上完课后归还。请你以体育委员的名义写一张借据。

（三）××系××班学生在植树节当天进行义务植树,需要向学校后勤处借铁锹 20 把,水桶 20 个,推车 5 辆,请你向学校后勤处出具条据。

## 三、收　条

（一）阅读下列收条，找出不妥之处并修改。

1. 改错题 1

收　条

今收到教材《大学英语》100 本。

周　强

2. 改错题 2

今 收 到

××学校××班上缴的支援灾区捐款 300 元。

12 月 6 日

（二）××市××县发生地震，××市××学校号召全体师生为灾区捐款捐物，总共捐款 10234 元，毛毯 20 条，棉被 25 床。工会干事王华负责接受捐款捐物，并为对方出具凭证。

（三）假如你是学校实验室的管理老师，今天收到外语组李敏老师还来的录音机一部，检查功能完好。请给李敏老师开一张收条。

# 检讨书

(一) 张三在 2022 年 1 月 14 日的英语期末考试中故意缺考,请以张三的名义向学校教务处写一份检讨书。

(二) 李明今天上午在语文课上玩手机,被老师发现了,要没收他的手机,李明还和老师吵了起来,后来经过批评教育,李明认识到了自己的错误。请问李明要分别向谁提交检讨书?请以李明的名义写作。

# 第二单元　行政公文写作

## 通知与通报

### 一、单项选择题

1. 为使受文者能够正确理解并准确执行通知所要求的事项、措施等,通知在写作时应（　　）。
   A. 说服力强　　B. 论证充分　　C. 针对性强　　D. 具体明确

2. 布置性通知又叫（　　）。
   A. 知照性通知　B. 指示性通知　C. 批示性通知　D. 专题通知

3. 通知应用广泛,使用频率高,且通知的作者不受机关性质、层次级别的限制,因此,通知具有（　　）特点。
   A. 广泛性　　B. 劝说性　　C. 简单性　　D. 时效性

4. 通知常用于下行文,具有（　　）。
   A. 知晓性　　B. 地域性　　C. 权威性　　D. 时间性

### 二、病文析改

1. 下面一则通知在格式和内容上都存在问题,请你找出错误并改正。

会议通知

谨定于 2021 年 3 月 12 日上午 9 时 30 分在二楼会议室召开××会议,一定得参加。随本通知送提案书一份,若有提案请填写后于开会前提交。

此致

2021 年 3 月 5 日<br>××公司

2. 下面一则通报在格式和内容上都存在问题,请你找出错误并改正。

关于李××的通报

各系、处、室,各班级：

我院 20 级××班学生李明,2021 年 3 月 23 日中午到学院饭堂吃饭的时候,看到排队打饭的人多,就要强行插队打饭,有同学劝他要遵守纪律时,他还大声说:"关你屁事!"一位纠察队员走过来阻止他,他不管三七二十一,拿起搪瓷饭碗就打在纠察队员头上,致使那位纠察队员头部受伤。李明的行为引起了在场其他同学的公愤,有人甚至叫嚷要把他拉到派出所去关押起来。

据查,李明平时学习也不够刻苦,上学期期末考试有一科仅得61分。

经学院领导研究决定,给予李明记大过一次处分。

希望广大同学以此为戒,努力学习,争取在学年考试中取得好的成绩。

××职业技术学院<br>2021年四月二十日

### 三、应用文写作

1. 学院定于2017年4月20日召开春季运动会,请根据这一事件写一个通知。具体的时间、地点、注意事项,请自拟,注意格式要完整。

2. 请根据下面提供的材料写一份通知。

××省教委职教处决定在全省高等职业学校开展《我爱我的专业》为主题的征文有奖活动。征文要求:体裁限为记叙文、散文、议论文;主题要明确、突出;材料要新颖、典型,要有较强的说服力和感染力;文稿一般不超过3000字;每个学校限交稿三篇;截稿时间:2021年4月20日。届时职教处将组织有关评委,评出一、二、三等奖和优秀奖。稿件邮寄到省教委职教处,或发电子邮件至sjwzjc@163.com信箱,邮政编码为654321。

3. 根据下面的内容写一则通报。

2021年××月××日下午5时左右,光明机械厂青年工人王松林在骑自行车下班途经光明北路时,看见一个歹徒抢了一位女青年的皮包后逃走,小王跳下车截住歹徒并把他抓住,但却被另一个随后接应的歹徒从背后扎了一刀,小王手臂受伤,仍紧紧抓住歹徒不放。最后,闻讯而来的几位民警和保安人员把两个歹徒都抓获了。

光明机械厂决定给予王松林通报表扬,并发奖金6000元。

# 报告与请示

## 一、单项选择题

1. 为便于上级领导阅读,有问必答,请示在写作时要求(　　)。
   A. 全面分析　　B. 针对性强　　C. 论证充分　　D. 语言简明
2. 请示要严格遵守(　　)。
   A. 多文多事　　B. 多文一事　　C. 一文多事　　D. 一文一事
3. 接受请示的机关需要对请示事项表明态度或予以明确的指示,因此,请示应具有(　　)。
   A. 针对性　　B. 强制性　　C. 具体性　　D. 可行性
4. 向上级机关、部门请求指示、批准的公文是(　　)。
   A. 申请书　　B. 通知　　C. 计划　　D. 请示
5. 请示在写作时要本着必需又可行的原则,实事求是地摆事实、讲道理,提出切实可行符合实际的要求,不应提出无限要求或借请示转嫁矛盾,因此,请示写作时要求(　　)。
   A. 切实可行　　B. 论证充分　　C. 说服力强　　D. 语言简明

## 二、病文析改

下面一则报告在格式和内容上都存在问题,请你找出错误并改正。

关于申请拨给灾区贷款专项指标的报告

某行:

　　××月××日,××地区遭受了异常历史上罕见的禽疫,灾情严重。经初步不完全统计,各种家禽死亡率达85%,损失很大。灾后我们立即深入灾区了解灾情,并发动干部群众积极开展生产自救。同时,为了帮助受灾农民及时恢复生产,我们采取了以下措施。

　　一、对恢复生产所需的资金,以自筹为主。确有困难的,先从现有农贷指标中贷款支持。

　　二、对受灾严重的困难户,优先适当贷款,先帮助他们解决生活问题。到××月××日止,此项贷款已达××万元。

　　由于此次灾情过于严重,集体和个人的损失都很大,短期内恢复生产有一定的困难,仅靠正常农贷指标难以解决问题。为此,请省行下达专项就在贷款指标××万元,以便支持灾区迅速恢复畜牧养殖。

　　以上报告当否,请批示。

×银行×市支行<br>×年×月×日

## 三、应用文写作

××学校根据自身需要,欲修建新图书馆,为征得上级主管部门××市教育局认可与支持,请你拟写一份请示,题目自拟,字数要求200字以上。

# 语言表达与运用

# 第一单元 基础口语训练

一、基础训练

1. 给下列单音节文字注音并朗读。

| 偶 | 渣 | 宏 | 我 | 一 | 球 | 词 | 玩 | 带 | 瓶 |
| 翁 | 闹 | 杨 | 氏 | 盘 | 表 | 用 | 瑟 | 唐 | 也 |
| 民 | 治 | 丢 | 边 | 卷 | 二 | 扔 | 接 | 水 | 日 |
| 因 | 列 | 将 | 话 | 走 | 远 | 胸 | 咱 | 润 | 发 |
| 训 | 先 | 撤 | 怪 | 虐 | 拼 | 唉 | 上 | 月 | 全 |
| 氓 | 刘 | 工 | 四 | 否 | 迎 | 绿 | 错 | 谈 | 虑 |
| 踹 | 哇 | 才 | 人 | 坏 | 向 | 挂 | 俩 | 住 | 撒 |
| 明 | 准 | 及 | 穿 | 蹦 | 吃 | 飞 | 均 | 窜 | 混 |
| 小 | 片 | 太 | 罪 | 你 | 累 | 阔 | 确 | 可 | 报 |
| 党 | 女 | 素 | 字 | 经 | 神 | 门 | 逛 | 下 | 杜 |

2. 给下列多音节词语注音并朗读。

| 把手 | 美妙 | 盆地 | 逆流 | 铁道 | 强生 | 凝结 |
| 快速 | 轮廓 | 居然 | 许久 | 略微 | 穷苦 | 捐献 |
| 雄壮 | 发廊 | 配合 | 好找 | 约会 | 背面 | 放映 |
| 运动 | 放心 | 更加 | 普遍 | 亲戚 | 抓紧 | 讲座 |
| 推广 | 问题 | 群众 | 原料 | 融入 | 闯荡 | 算出 |

琐碎　　传功　　催促　　姗姗　　揣测　　要弄　　傻眼

一会儿　　有点儿　　小孩儿　　灯泡儿　　死扣儿

3. 给下列成语注音并朗读。

车前马后　　阴谋诡计　　幡然悔悟　　山穷水尽　　安贫乐道

心直口快　　声名扫地　　因循守旧　　飞禽走兽　　光明磊落

翻江倒海　　花团锦簇　　满目疮痍　　英明果断　　妖魔鬼怪

心明眼亮　　身强体壮　　鸡鸣狗盗　　深谋远虑　　中流砥柱

相濡以沫　　秣马厉兵　　千里迢迢　　高风亮节　　见微知著

## 二、剧本台词练习

1.《屈原·雷电颂》。

（屈原手足以戴刑具，颈上并系有长链，仍着其白日所着之玄衣，披发，在殿中徘徊。因有脚镣，行步甚有限制，时而伫立睥睨，目中含有怒火。手有举动时，必两手同时举出；如无举动时，则拳曲于胸前。）

**屈原**（向风及雷电）：

风！你咆哮吧！咆哮吧！尽力地咆哮吧！在这暗无天日的时候，一切都睡着了，都沉在梦里，都死了的时候，正是应该你咆哮的时候，应该你尽力咆哮的时候！

尽管你是怎样的咆哮，你也不能把他们从梦中叫醒，不能把死了的吹活转来，不能吹掉这比铁还沉重的眼前的黑暗，但你至少可以吹走一些灰尘，吹走一些沙石，至少可以吹动一些花草树木。你可以使那洞庭湖，使那长江，使那东海，为你翻波涌浪，和你一同地大声咆哮啊！

啊，我思念那洞庭湖，我思念那长江，我思念那东海，那浩浩荡荡的无边无际的波澜呀！那浩浩荡荡的无边无际的伟大的力呀！那是自由，是跳舞，是音乐，是诗！

啊，这宇宙中的伟大的诗！你们风，你们雷，你们电，你们在这黑暗中咆哮着的，闪耀着的一切的一切，你们都是诗，都是音乐，都是跳舞。你们宇宙中伟大的艺人们呀，尽量发挥你们的力量吧。发泄出无边无际的怒火，把这黑暗的宇宙，阴惨的宇宙，爆炸了吧！爆炸了吧！

雷！你那轰隆隆的，是你车轮子滚动的声音？你把我载着拖到洞庭湖的边上去，拖到长江的边上去，拖到东海的边上去呀！我要看那滚滚的波涛，我要听那鞺鞺鞳鞳的咆哮，我要漂流到那没有阴谋、没有污秽、没有自私自利的没有人的小岛上去呀！我要和着你，和着你的声音，和着那茫茫的大海，一同跳进那没有边际、没有限制的自由里去！

啊，电！你这宇宙中最犀利的剑呀！我的长剑是被人拔去了，但是你，你能拔去我有形的长剑，你不能拔去我无形的长剑呀。电，你这宇宙中的剑，也正是，我心中的剑。你劈吧，劈吧，劈吧！把这比铁还坚固的黑暗，劈开，劈开，劈开！虽然你劈它如同劈水一样，你抽掉了，它又合拢了来,但至少你能使那光明得到暂时的一瞬的显现,哦,那多么灿烂的、多么炫目的光明呀!

　　光明呀,我景仰你,我景仰你,我要向你摆手,我要向你稽首。我知道,你的本身就是火,你,你这宇宙中的最伟大者呀,火!你在天边,你在眼前,你在我的四面,我知道你就是宇宙的生命,你就是我的生命,你就是我呀!我这熊熊地燃烧着的生命,我这快要使我全身炸裂的怒火,难道就不能迸射出光明了吗?炸裂呀,我的身体!炸裂呀,宇宙!让那赤条条的火滚动起来,像这风一样,像那海一样,滚动起来,把一切的有形,一切的污秽,烧毁了吧!烧毁了吧!把这包含着一切罪恶的黑暗烧毁了吧!

　　把你这东皇太一烧毁了吧!把你这云中君烧毁了吧!你们这些土偶木梗,你们高坐在神位上有什么德能?你们只是产生黑暗的父亲和母亲!

　　你,你东君,你是什么个东君?别人说你是太阳神,你,你坐在那马上丝毫也不能驰骋。你,你红着一个面孔,你也害羞吗?啊,你,你完全是一片假!你,你这土偶木梗,你这没心肝的,没灵魂的,我要把你烧毁,烧毁,烧毁你的一切,特别要烧毁你那匹马!你假如是有本领,就下来走走吧!

　　什么个大司命,什么个少司命,你们的天大的本领就只有晓得播弄人!什么个湘君,什么个湘夫人,你们的天大的本领也就只晓得痛哭几声!哭,哭有什么用?眼泪,眼泪有什么用?顶多让你们哭出几笼湘妃竹吧!但那湘妃竹不是主人们用来打奴隶的刑具么?你们滚下船来,你们滚下云头来,我都要把你们烧毁!烧毁!烧毁!

　　哼,还有你这河伯……哦,你河伯!你,你是我最初的一个安慰者!我是看得很清楚的呀!当我被人们押着,押上了一个高坡,卫士们要歇脚,我也就站立在高坡上,回头望着龙门。我是看得很清楚,很清楚的呀!我看见婵娟被人虐待,我看见你挺身而出,指天画地有所争论。结果,你是被人押进了龙门,婵娟她也被人押进了龙门。

　　但是我,我没有眼泪。宇宙,宇宙也没有眼泪呀!眼泪有什么用呀?我们只有雷霆,只有闪电,只有风暴,我们没有拖泥带水的雨!这是我的意志,宇宙的意志。鼓动吧,风!咆哮吧,雷!闪耀吧,电!把一切沉睡在黑暗怀里的东西,毁灭,毁灭,毁灭呀!

2.《罗密欧与朱丽叶》第二幕:维洛那凯普莱特家的花园

罗密欧上。

**罗密欧:**没有受过伤的才会讥笑别人身上的创痕。(朱丽叶自上方窗户中出现)轻声!那边窗子里亮起来的是什么光?那就是东方,朱丽叶就是太阳!起来吧,美丽的太阳!赶走那妒忌的月亮,她因为她的女弟子比她美得多,已经气得面色惨白了。既然她这样妒忌着你,你不要忠于她吧;脱下她给你的这一身惨绿色的贞女的道服,它是只配给愚人穿的。那是我的意中人;啊!那是我的爱;唉,但愿她知道我在爱着她!她欲言又止,可是她的眼睛已经道出了她的心事。待我去回答她吧;不,我不要太鲁莽,她不是对我说话。天上两颗最灿烂的星,因为有事他去,请求她的眼睛替代它们在空中闪耀。要是她的眼睛变成了天上的星,天上的星变成了她的眼睛,那便怎样呢?她脸上的光辉会掩盖了星星的明亮,正像灯光在朝阳下黯然失色一样;在天上的她的眼睛,会在太空中大放光明,使鸟儿误认为黑夜已经过去而唱出它们的歌声。瞧!她用纤手托住了脸,那姿态是多么美妙!啊,但愿我是那一只手上的手套,好让我亲一亲她脸上的香泽!

朱丽叶:唉!

罗密欧:她说话了。啊!再说下去吧,光明的天使!因为我在这夜色之中仰视着你,就像一个尘世的凡人,张大了出神的眼睛,瞻望着一个生着翅膀的天使,驾着白云缓缓地驰过了天空一样。

朱丽叶:罗密欧啊,罗密欧!为什么你偏偏是罗密欧呢?否认你的父亲,抛弃你的姓名吧;也许你不愿意这样做,那么只要你宣誓做我的爱人,我也不愿再姓凯普莱特了。

罗密欧:(旁白)我还是继续听下去呢,还是现在就对她说话?

朱丽叶:只有你的名字才是我的仇敌;你即使不姓蒙太古,仍然是这样的一个你。姓不姓蒙太古又有什么关系呢?它又不是手,又不是脚,又不是手臂,又不是脸,又不是身体上任何其他的部分。啊!换一个姓名吧!姓名本来是没有意义的;我们叫作玫瑰的这一种花,要是换了个名字,它的香味还是同样的芬芳,罗密欧要是换了别的名字,他的可爱的完美也绝不会有丝毫改变。罗密欧,抛弃了你的名字吧;我愿意把我整个的心灵,赔偿你这一个身外的空名。

罗密欧:那么我就听你的话,你只要叫我做你的爱人,我就重新受洗,重新命名;从今以后,永远不再叫罗密欧了。

朱丽叶:你是什么人,在黑夜里躲躲闪闪地偷听人家的话?

罗密欧:我没法告诉你我叫什么名字。敬爱的神明,我痛恨我自己的名字,因为它是你的仇敌;要是把它写在纸上,我一定把这几个字撕成粉碎。

朱丽叶:我的耳朵里还没有灌进从你嘴里吐出来的一百个字,可是我认识你的声音;你不是罗密欧,蒙太古家里的人吗?

罗密欧:不是,美人,要是你不喜欢这两个名字。

朱丽叶:告诉我,你怎么会到这儿来,为什么到这儿来?花园的墙这么高,是不容易爬上来的;要是我家里的人瞧见你在这儿,他们一定不让你活命。

罗密欧:我借着爱的轻翼飞过园墙,因为砖石的墙垣是不能把爱情阻隔的;爱情的力量所能够做到的事,它都会冒险尝试,所以我不怕你家里人的干涉。

朱丽叶:要是他们瞧见了你,一定会把你杀死的。

罗密欧:唉!你的眼睛比他们二十柄刀剑还厉害;只要你用温柔的眼光看着我,他们就不能伤害我的身体。

朱丽叶:我怎么也不愿让他们瞧见你在这儿。

罗密欧:朦胧的夜色可以替我遮过他们的眼睛。只要你爱我,就让他们瞧见我吧;与其因为得不到你的爱情而在这世上捱命,还不如在仇人的刀剑下丧生。

朱丽叶:谁叫你找到这儿来的?

罗密欧:爱情怂恿我探听出这一个地方;他替我出主意,我借给他眼睛。我不会操舟驾舵,可是倘使你在辽远辽远的海滨,我也会冒着风波寻访你这颗珍宝。

朱丽叶:幸亏黑夜替我罩上了一重面幕,否则为了我刚才被你听去的话,你一定可以看见我脸上羞愧的红晕。我真想遵守礼法,否认已经说过的言语,可是这些虚文俗礼,现在只好一切置之不顾了!你爱我吗?我知道你一定会说"是的";我也一定会相信你的话;可是也许你起的誓只是一个谎,人家说,对于恋人们的寒盟背信,天神是一笑置之的。温柔的罗密欧啊！你要是真的爱我，就请你诚意告诉我；你要是嫌我太容易降心相从，我也会堆起怒容，装出倔强的神气，拒绝你的好意，好让你向我婉转求情，否则我是无论如何不会拒绝你的。俊秀的蒙太古啊，我真的太痴心了，所以也许你会觉得我的举动有点轻浮；可是相信我，朋友，总有一天你会知道我的忠心远胜过那些善于矜持作态的人。我必须承认，倘不是你乘我不备的时候偷听去了我的真情的表白，我一定会更加矜持一点的；所以原谅我吧，是黑夜泄漏了我心底的秘密，不要把我的允诺看作无耻的轻狂。

罗密欧：姑娘，凭着这一轮皎洁的月亮，它的银光涂染着这些果树的梢端，我发誓——

朱丽叶：啊！不要指着月亮起誓，它是变化无常的，每个月都有盈亏圆缺；你要是指着它起誓，也许你的爱情也会像它一样无常。

罗密欧：那么我指着什么起誓呢？

朱丽叶：不用起誓吧；或者要是你愿意的话，就凭着你优美的自身起誓，那是我所崇拜的偶像，我一定会相信你的。

罗密欧：要是我的出自深心的爱情——

朱丽叶：好，别起誓啦。我虽然喜欢你，却不喜欢今天晚上的密约；它太仓促、太轻率、太出人意料了，正像一闪电光，等不及人家开一声口，已经消隐了下去。好人，再会吧！这一朵爱的蓓蕾，靠着夏天的暖风的吹拂，也许会在我们下次相见的时候，开出鲜艳的花来。晚安，晚安！但愿恬静的安息同样降临到你我两人的心头！

罗密欧：啊！你就这样离我而去，不给我一点满足吗？

朱丽叶：你今夜还要什么满足呢？

罗密欧：你还没有把你的爱情的忠实的盟誓跟我交换。

朱丽叶：在你没有要求以前，我已经把我的爱给了你了；可是我倒愿意重新给你。

罗密欧：你要把它收回去吗？为什么呢，爱人？

朱丽叶：为了表示我的慷慨，我要把它重新给你。可是我只愿意要我已有的东西：我的慷慨像海一样浩渺，我的爱情也像海一样深沉；我给你的越多，我自己也越是富有，因为这两者都是没有穷尽的。（乳母在内呼唤）我听见里面有人在叫；亲爱的，再会吧！——就来了，好奶妈！——亲爱的蒙太古，愿你不要负心。再等一会儿，我就会来的。（自上方下。）

罗密欧：幸福的，幸福的夜啊！我怕我只是在晚上做了一个梦，这样美满的事不会是真实的。

（朱丽叶自上方重上。）

朱丽叶：亲爱的罗密欧，再说三句话，我们真的要再会了。要是你的爱情的确是光明正大，你的目的是在于婚姻，那么明天我会叫一个人到你的地方来，请你叫他带一个信给我，告诉我你愿意在什么地方、什么时候举行婚礼；我就会把我的整个命运交托给你，把你当作我的主人，跟随你到天涯海角。

乳　母：（在内）小姐！

朱丽叶：就来。——可是你要是没有诚意，那么我请求你——

乳　母：（在内）小姐！

朱丽叶：等一等，我来了。——停止你的求爱，让我一个人独自伤心吧。明天我就叫人来看你。

**罗密欧**:凭着我的灵魂——

**朱丽叶**:一千次的晚安！（自上方下。）

**罗密欧**:晚上没有你的光,我只有一千次的心伤！恋爱的人去赴他情人的约会,像一个放学归来的儿童;可是当他和情人分别的时候,却像去上学一般满脸懊丧。（退后。）

（朱丽叶自上方重上。）

**朱丽叶**:嘘！罗密欧！嘘！唉！我希望我会发出呼鹰的声音,招这只鹰儿回来。我不能高声说话,否则我要让我的喊声传进厄科①的洞穴,让她的无形的喉咙因为反复叫喊着我的罗密欧的名字而变成嘶哑。

**罗密欧**:那是我的灵魂在叫喊着我的名字。恋人的声音在晚间多么清婉,听上去就像最柔和的音乐！

**朱丽叶**:罗密欧！

**罗密欧**:我的爱！

**朱丽叶**:明天我应该在什么时候叫人来看你？

**罗密欧**:就在九点钟吧。

**朱丽叶**:我一定不失信;挨到那个时候,该有二十年那么长久！我记不起为什么要叫你回来了。

**罗密欧**:让我站在这儿,等你记起了告诉我。

**朱丽叶**:你这样站在我的面前,我一心想着多么爱跟你在一块儿,一定永远记不起来了。

**罗密欧**:那么我就永远等在这儿,让你永远记不起来,忘记除了这里以外还有什么家。

**朱丽叶**:天快要亮了;我希望你快去;可是我就好比一个淘气的女孩子,像放松一个囚犯似的让她心爱的鸟儿暂时跳出她的掌心,又用一根丝线把它拉了回来,爱的私心使她不愿意给它自由。

**罗密欧**:我但愿我是你的鸟儿。

**朱丽叶**:好人,我也但愿这样;可是我怕你会死在我的过分的爱抚里。晚安！晚安！离别是这样甜蜜的凄清,我真要向你道晚安直到天明！（下。）

**罗密欧**:但愿睡眠合上你的眼睛！
但愿平静安息我的心灵！
我如要去向神父求教,
把今宵的艳遇诉他知晓。（下。）


3. 自行准备题材（一幅画、一本书、一座建筑、一个学校、一个人的样貌……）,进行1分钟左右的介绍,注意发音。

---

①厄科（Echo）,是希腊神话中的仙女,因恋爱美少年那耳喀索斯不遂而形消体灭,化为山谷中的回声。

# 第二单元　复述训练

1. 默读唐诗《赠汪伦》，请用自己的语言讲述内容。

**赠汪伦**

李　白

李白乘舟将欲行，
忽闻岸上踏歌声。
桃花潭水深千尺，
不及汪伦送我情。

2. 简要复述下面的故事。

**林则徐请客**

　　林则徐五十三岁那年，道光皇帝派他到广州担任湖广总督，负责查禁鸦片烟。一些外国人，总想找机会摸摸林则徐的底细。

　　一次，英国领事查理设宴，邀请林则徐参加。宴会快结束时，送上来的最后一道点心，是甜食冰淇淋。那时候，冰淇淋还很罕见。林则徐见冰淇淋冒着气，以为很烫，送到嘴边时，还用口吹了吹。这一来，在座的外国人便趁机哄笑。林则徐受到侮辱，心里非常生气。但是，他压住怒火，似乎毫不在意地说："这道点心，外面像在冒热气，其实是冷冰冰的。今天，我算是上了一次当。"

　　过些天，林则徐在总督府设宴请客，回敬上次参加宴会的那些外国人。宴席上，一道道端上的都是中国名菜。那些外国人，一个个张大了嘴巴狼吞虎咽。他们一边吃喝，一边赞不绝口。酒足饭饱之后，有个外国人说："中国菜，好吃得没话说，只可惜少了一道甜食。"

　　"有！"林则徐便吩咐道，"上甜食！"话音刚落，一盆槟榔芋泥端上来了。外国人见是甜食，便举起汤匙，兴冲冲地舀着往嘴里倒。这一下，可够那些外国人尝的了。他们"啊——"，"啊——"，嚷成一片，喉咙里比卡着鱼骨还要难受。有的挥起手，想伸进嘴巴去抓；有的按住嘴，泪水直淌。一个个洋相出尽，狼狈不堪。

　　林则徐不动声色，若无其事地说："这是我家乡福建的名点，叫槟榔芋泥。这甜食，看上去外面冰冷，内里却滚烫非常，正好和似热实冷的冰淇淋相反。吃的时候，性急不得，性急了就要烫了喉咙！"

　　外国人瞪圆了蓝眼睛，个个呆似猴样。

　　他们这才感到林则徐不是个好对付的中国官员。

3. 以第三人称老红军的角度复述下面内容。

他焦急地看看天,又看看我,说:"来吧,我背你走!"我说什么也不同意。这一下他可火了:"别磨蹭了!你想叫咱们都丧命吗?"他不容分说,背起我就往前走。

天边的最后一丝光亮也被黑暗吞没了。满天堆起了乌云,不一会儿下起大雨来。我一再请求他放下我,怎么说他也不肯,仍旧一步一滑地背着我向前走。

突然,他的身子猛地往下一沉。"小鬼,快离开我!"他急忙说:"我掉进泥潭里了。"

我心里一惊,不知怎么办好,只觉得自己也随着他往下陷。这时候,他用力把我往上一顶,一下子把我甩在一边,大声说:"快离开我,咱们两个人不能都牺牲!……要……要记住革命!"

我使劲伸手去拉他,可是什么也没有抓住。他陷下去了,已经没顶了。

我的心疼得像刀绞一样,眼泪不住地往下流。多么坚强的同志!为了我这样的小鬼,为了革命,他被这可恶的草地夺去了生命!

4. 下面是赵树理的小说《李有才板话》中的一小段。如果这位老杨同志"事后"对别人讲述这一段经历,该怎么说呢?

过了阴历八月十五日,正是秋收时候,县农会主席老杨同志,被分配到第六区来检查督促秋收工作。老杨同志叫区农会给他介绍一个比较进步的村,区农会常听章工作员说阎家山是模范村,就把他介绍到阎家山去。

老杨同志吃了早饭起程,天不晌午就到了阎家山。他一进村公所,正遇着广聚跟小元下棋。他两个因为一步棋争起来,就没有看见老杨同志进去。老杨同志等了一会儿,还没有人跟他搭话,他就在这争吵中问道:"哪一位是村长?"广聚跟小元抬头一看,见他头上箍着块白手巾,身上是白小布衫深蓝裤,脚上穿着半旧的硬鞋至少也有二斤半重。从这服装上看,村长广聚以为他是哪村派来的送信的,就懒洋洋地问道:"哪村来的?"老杨同志答道:"县里。"广聚仍问道:"到这里干什么?"小元棋快输了,在一边催道:"快走棋嘛!"老杨同志有些不耐烦,便道:"你们忙得很!等一会儿闲了再说吧!"说了把背包往台阶上一丢,坐在上面休息。广聚见他的话头有点不对,也就停住了棋,凑过来搭话。老杨同志也看出他是村长,却又故意问了一句:"村长哪里去了?"他红着脸答过话,老杨同志才把介绍信给他。

5. 阅读下面小故事,按要求的角度复述。

齐宣王爱好射箭,喜欢别人夸耀他能够拉开强弓,其实他使的弓只用三石的力气就能够拉开了,他常表演给近臣们看,那班大臣为了讨好宣王,个个装模作样地接过来试一试,大家故意把弓拉开一半,便故作惊讶地说:"哎呀,要拉开这弓的气力不少于九石啊,除了大王又有谁能用这么强的弓呢!"齐宣王听了非常高兴。然而,三石是真实的,九石是徒有其名,齐宣王这是只图虚名却罔顾事实。

① 从"喜好虚名其实是在害自己"的角度:

② 从"阿谀奉承害人不浅"的角度:

③ 从"上有所好,下必趋焉"的角度:

# 第三单元　朗读训练

一、文段朗读

### 白杨礼赞

　　那是力争上游的一种树,笔直的干,笔直的枝。它的干呢,通常是丈把高,像是加以人工似的,一丈以内,绝无旁枝;它所有的丫枝呢,一律向上,而且紧紧靠拢,也像是加以人工似的,成为一束,绝无横斜逸出;它的宽大的叶子也是片片向上,几乎没有斜生的,更不用说倒垂了;它的皮,光滑而有银色的晕圈,微微泛出淡青色。这是虽在北方风雪的压迫下却保持着倔强挺立的一种树!哪怕只有碗来粗细罢,它却努力向上发展,高到丈许?两丈,参天耸立,不折不挠,对抗着西北风。

　　这就是白杨树,西北极普通的一种树,然而绝不是平凡的树!

　　它没有婆娑的姿态,没有屈曲盘旋的虬枝,也许你要说它不美丽,——如果美是专指"婆娑"或"横斜逸出"之类而言,那么白杨树算不得树中的好女子;但是它却是伟岸,正直,朴质,严肃,也不缺乏温和,更不用提它的坚强不屈与挺拔,它是树中的伟丈夫!

　　当你在积雪初融的高原上走过,看见平坦的大地上傲然挺立这么一株或一排白杨树,难道你就只觉得树只是树,难道你就不想到它的朴质,严肃,坚强不屈,至少也象征了北方的农民;难道你竟一点儿也不联想到,在敌后的广大土地上,到处有坚强不屈,就像这白杨树一样傲然挺立的守卫他们家乡的哨兵!难道你又不更远一点想到这样枝枝叶叶靠紧团结,力求上进的白杨树,宛然象征了今天在华北平原纵横决荡用血写出新中国历史的那种精神和意志。

——节选自茅盾《白杨礼赞》

### 丑　石

　　我常常遗憾我家门前的那块丑石:它黑黝黝地卧在那里,牛似的模样;谁也不知道是什么时候留在这里的,谁也不去理会它。只是麦收时节,门前摊了麦子,奶奶总是说:这块丑石,多占地面呀,抽空把它搬走吧。

　　它不像汉白玉那样的细腻,可以刻字雕花,也不像大青石那样的光滑,可以供来浣纱捶布。它静静地卧在那里,院边的槐荫没有庇覆它,花儿也不再在它身边生长。荒草便繁衍出来,枝蔓上下,慢慢地,它竟锈上了绿苔、黑斑。我们这些做孩子的,也讨厌起它来,曾合伙要搬走它,但力气又不足;虽时时咒骂它,嫌弃它,也无可奈何,只好任它留在那里了。

　　终有一日,村子里来了一个天文学家。他在我家门前路过,突然发现了这块石头,眼光立即就拉直了。他再没有离开,就住了下来;以后又来了好些人,都说这是一块陨石,从天上落下来已经有二三百年了,是一件了不起的东西。不久便来了车,小心翼翼地将它运走了。

　　这使我们都很惊奇!这又怪又丑的石头,原来是天上的啊!它补过天,在天上发过热、闪过光,我们的先祖或许仰望过它,它给了他们光明、向往、憧憬;而它落下来了,在污土里,荒草里,一躺就是几百年了!

我感到自己的无知,也感到了丑石的伟大,我甚至怨恨它这么多年竟会默默地忍受着这一切!而我又立即深深地感到它那种不屈于误解、寂寞的生存的伟大。

——节选自贾平凹《丑石》

## 第一场雪

这是入冬以来,胶东半岛上第一场雪。

雪纷纷扬扬,下得很大。开始还伴着一阵儿小雨,不久就只见大片大片的雪花,从彤云密布的天空中飘落下来。地面上一会儿就白了。冬天的山村,到了夜里就万籁俱寂,只听得雪花簌簌地不断往下落,树木的枯枝被雪压断了,偶尔咯吱一声响。

大雪整整下了一夜。今天早晨,天放晴了,太阳出来了。推开门一看,嗬!好大的雪啊!山川、河流、树木、房屋,全都罩上了一层厚厚的雪,万里江山,变成了粉妆玉砌的世界。落光了叶子的柳树上挂满了毛茸茸亮晶晶的银条儿;而那些冬夏常青的松树和柏树上,则挂满了蓬松松沉甸甸的雪球儿。一阵风吹来,树枝轻轻地摇晃,美丽的银条儿和雪球儿簌簌地落下来,玉屑似的雪末儿随风飘扬,映着清晨的阳光,显出一道道五光十色的彩虹。

大街上的积雪足有一尺多深,人踩上去,脚底下发出咯吱咯吱的响声。一群群孩子在雪地里堆雪人,掷雪球儿。那欢乐的叫喊声,把树枝上的雪都震落下来了。

俗话说,"瑞雪兆丰年"。这个话有充分的科学根据,并不是一句迷信的成语。寒冬大雪,可以冻死一部分越冬的害虫;融化了的水渗进土层深处,又能供应庄稼生长的需要。我相信这一场十分及时的大雪,一定会促进明年春季作物,尤其是小麦的丰收。有经验的老农把雪比做是"麦子的棉被"。冬天"棉被"盖得越厚,明春麦子就长得越好,所以又有这样一句谚语:"冬天麦盖三层被,来年枕着馒头睡。"

我想,这就是人们为什么把及时的大雪称为"瑞雪"的道理吧。

——节选自峻青《第一场雪》

## 繁　星

我爱月夜,但我也爱星天。从前在家乡七八月的夜晚在庭院里纳凉的时候,我最爱看天上密密麻麻的繁星。望着星天,我就会忘记一切,仿佛回到了母亲的怀里似的。

三年前在南京我住的地方有一道后门,每晚我打开后门,便看见一个静寂的夜。下面是一片菜园,上面是星群密布的蓝天。星光在我们的肉眼里虽然微小,然而它使我们觉得光明无处不在。那时候我正在读一些天文学的书,也认得一些星星,好像它们就是我的朋友,它们常常在和我谈话一样。

如今在海上,每晚和繁星相对,我把它们认得很熟了。我躺在舱面上,仰望天空。深蓝色的天空里悬着无数半明半暗的星。船在动,星也在动,它们是这样低,真是摇摇欲坠呢!渐渐地我的眼睛模糊了,我好像看见无数萤火虫在我的周围飞舞。海上的夜是柔和的,是静寂的,是梦幻的。我望着许多认识的星,我仿佛看见它们在对我眨眼,我仿佛听见它们在小声说话。

这时我忘记了一切。在星的怀抱中我微笑着,我沉睡着。我觉得自己是一个小孩子,现在睡在母亲的怀里了。

有一夜,那个在哥伦波上船的英国人指给我看天上的巨人。他用手指着:那四颗明亮的星是头,下面的几颗是身子,这几颗是手,那几颗是腿和脚,还有三颗星算是腰带。经他这一番指点,我果然看清楚了那个天上的巨人。看,那个巨人还在跑呢!

——节选自巴金《繁星》

## 海滨仲夏夜

夕阳落山不久,西方的天空,还燃烧着一片橘红色的晚霞。大海,也被这霞光染成了红色,而且比天空的景色更要壮观。因为它是活动的,每当一排排波浪涌起的时候,那映照在浪峰上的霞光,又红又亮,简直就像一片片霍霍燃烧着的火焰,闪烁着,消失了。而后面的一排,又闪烁着,滚动着,涌了过来。

天空的霞光渐渐地淡下去了,深红的颜色变成了绯红,绯红又变成浅红。最后,当这一切红光都消失了的时候,那突然显得高而远了的天空,则呈现出一片肃穆的神色。最早出现的启明星,在这蓝色的天幕上闪烁起来了。它是那么大,那么亮,整个广漠的天幕上只有它在那里放射着令人注目的光辉,活像一盏悬挂在高空的明灯。

夜色加浓,苍空中的"明灯"越来越多了。而城市各处的真的灯火也次第亮了起来,尤其是围绕在海港周围山坡上的那一片灯光,从半空倒映在乌蓝的海面上,随着波浪,晃动着,闪烁着,像一串流动着的珍珠,和那一片片密布在苍穹里的星斗互相辉映,煞是好看。

在这幽美的夜色中,我踏着软绵绵的沙滩,沿着海边,慢慢地向前走去。海水,轻轻地抚摸着细软的沙滩,发出温柔的唰唰声。晚来的海风,清新而又凉爽。我的心里,有着说不出的兴奋和愉快。

夜风轻飘飘地吹拂着,空气中飘荡着一种大海和田禾相混合的香味儿,柔软的沙滩上还残留着白天太阳炙晒的余温。那些在各个工作岗位上劳动了一天的人们,三三两两地来到这软绵绵的沙滩上,他们浴着凉爽的海风,望着那缀满了星星的夜空,尽情地说笑,尽情地休憩。

——选自峻青《海滨仲夏夜》

## 海洋与生命

生命在海洋里诞生绝不是偶然的,海洋的物理和化学性质,使它成为孕育原始生命的摇篮。

我们知道,水是生物的重要组成部分,许多动物组织的含水量在百分之八十以上,而一些海洋生物的含水量高达百分之九十五。水是新陈代谢的重要媒介,没有它,体内的一系列生理和生物化学反应就无法进行,生命也就停止。因此,在短时期内动物缺水要比缺少食物更加危险。水对今天的生命是如此重要,它对脆弱的原始生命,更是举足轻重了。生命在海洋里诞生,就不会有缺水之忧。

水是一种良好的溶剂。海洋中含有许多生命所必需的无机盐,如氯化钠、氯化钾、碳酸盐、磷酸盐,还有溶解氧,原始生命可以毫不费力地从中吸取它所需要的元素。

水具有很高的热容量,加之海洋浩大,任凭夏季烈日曝晒,冬季寒风扫荡,它的温度变化却比较小。因此,巨大的海洋就像是天然的"温箱"。是孕育原始生命的温床。

阳光虽然为生命所必需,但是阳光中的紫外线却有扼杀原始生命的危险。水能有效地吸收紫外线,因而又为原始生命提供了天然的"屏障"。

这一切都是原始生命得以产生和发展的必要条件。

——节选自童裳亮《海洋与生命》

### 济南的冬天

对于一个在北平住惯的人,像我,冬天要是不刮风,便觉得是奇迹;济南的冬天是没有风声的。对于一个刚由伦敦回来的人,像我,冬天要能看得见日光,便觉得是怪事;济南的冬天是响晴的。自然,在热带的地方,日光是永远那么毒,响亮的天气,反有点儿叫人害怕。可是,在北方的冬天,而能有温晴的天气,济南真得算个宝地。

设若单单是有阳光,那有算不了出奇。请闭上眼睛想:一个老城,有山有水,全在天底下晒着阳光,暖和安适地睡着,只等春风来把它们唤醒,这是不是理想的境界?小山把济南围了个圈儿,只有北边缺着点口儿。这一圈小山在冬天特别可爱,好像是把济南放在一个小摇篮里,它们安静不动地低声地说:"你们放心吧,这儿准保暖和。"真的,济南的人们在冬天是面上含笑的。他们一看那些小山,心中便觉得有了着落,有了依靠。他们由天上看到山上,便不知不觉地想起:明天也许就是春天了吧?这样的温暖,今天夜里山草也许就绿起来了吧?就是这点儿幻想不能一时实现,他们也并不着急,因为这样慈善的冬天,干什么还希望别的呢!

最妙的是下点小雪呀。看吧,山上的矮松越发的青黑,树尖儿上顶着一髻儿白花,好像日本看护妇。山尖儿全白了,给蓝天镶上一道银边。山坡上,有的地方雪厚点儿,有的地方草色还露着;这样,一道儿白,一道儿暗黄,给山们穿上一件带水纹儿的花衣;看着看着,这件花衣好像被风儿吹动,叫你希望看见一点儿更美的山的肌肤。等到快日落的时候,微黄的阳光斜射在山腰上,那点儿薄雪好像忽然害羞,微微露出点儿粉色。就是下小雪吧,济南是受不住大雪的,那些小山太秀气。

——节选自老舍《济南的冬天》

### 坚守你的高贵

三百多年前,建筑设计师莱伊恩受命设计了英国温泽市政府大厅。他运用工程力学的知识,依据自己多年的实践,巧妙地设计了只用一根柱子支撑的大厅天花板。一年以后,市政府权威人士进行工程验收时,却说只用一根柱子支撑天花板太危险,要求莱伊恩再多加几根柱子。

莱伊恩自信只要一根坚固的柱子足以保证大厅安全,他的"固执"惹恼了市政官员,险些被送上法庭。他非常苦恼;坚持自己原先的主张吧,市政官员肯定会另找人修改设计;不坚持吧,又有悖自己为人的准则。矛盾了很长一段时间,莱伊恩终于想出了一条妙计,他在大厅里增加了四根柱子,不过这些柱子并未与天花板接触,只不过是装装样子。

三百多年过去了,这个秘密始终没有被人发现。直到前两年,市政府准备修缮大厅的天花板,才发现莱伊恩当年的"弄虚作假"。消息传出后,世界各国的建筑专家和游客云集,当地政府对此也不加掩饰,在新世纪到来之际,特意将大厅作为一个旅游景点对外开放,旨在引导人们崇尚和相信科学。

作为一名建筑师,莱伊恩并不是最出色的。但作为一个人,他无疑非常伟大。这种伟大表现在他始终恪守着自己的原则,给高贵的心灵一个美丽的住所,哪怕是遭遇到最大的阻力,也要想办法抵达胜利。

——节选自游宇明《坚守你的高贵》

## 绿

梅雨潭闪闪的绿色招引着我们,我们开始追捉她那离合的神光了。揪着草,攀着乱石,小心探身下去,又鞠躬过了一个石穹门,便到了汪汪一碧的潭边了。瀑布在襟袖之间,但是我的心中已没有瀑布了。我的心随潭水的绿而摇荡。那醉人的绿呀!仿佛一张极大极大的荷叶铺着,满是奇异的绿呀。我想张开两臂抱住她,但这是怎样一个妄想啊。

站在水边,望到那面,居然觉着有些远呢!这平铺着、厚积着的绿,着实可爱。她松松地皱缬着,像少妇拖着的裙幅;她滑滑的明亮着,像涂了"明油"一般,有鸡蛋清那样软,那样嫩;她又不杂些尘滓,宛然一块温润的碧玉,只清清的一色——但你却看不透她!

我曾见过北京什刹海拂地的绿杨,脱不了鹅黄的底子,似乎太淡了。我又曾见过杭州虎跑寺近旁高峻而深密的"绿壁",丛叠着无穷的碧草与绿叶的,那又似乎太浓了。其余呢,西湖的波太明了,秦淮河的也太暗了。可爱的,我将什么来比拟你呢?我怎么比拟得出呢?大约潭是很深的,故能蕴蓄着这样奇异的绿;仿佛蔚蓝的天融了一块在里面似的,这才这般的鲜润啊。

那醉人的绿呀!我若能裁你以为带,我将赠给那轻盈的舞女,她必能临风飘举了。我若能挹你以为眼,我将赠给那善歌的盲妹,她必明眸善睐了。我舍不得你,我怎舍得你呢?我用手拍着你,抚摩着你,如同一个十二三岁的小姑娘。我又掬你入口,便是吻着她了。我送你一个名字,我从此叫你"女儿绿",好吗?第二次到仙岩的时候,我不禁惊诧于梅雨潭的绿了。

——节选自朱自清《绿》

## 麻雀

我打猎归来,沿着花园的林荫路走着。狗跑在我前边。

突然,狗放慢脚步,蹑足潜行,好像嗅到了前边有什么野物。

我顺着林荫路望去,看见了一只嘴边还带黄色、头上生着柔毛的小麻雀。风猛烈地吹打着林荫路上的白桦树,麻雀从巢里跌落下来,呆呆地伏在地上,孤立无援地张开两只羽毛还未丰满的小翅膀。

我的狗慢慢向它靠近。忽然,从附近一棵树上飞下一只黑胸脯的老麻雀,像一颗石子似的落到狗的跟前。老麻雀全身倒竖着羽毛,惊恐万状,发出绝望、凄惨的叫声,接着向露出牙齿、大张着的狗嘴扑去。

老麻雀是猛扑下来救护幼雀的。它用身体掩护着自己的幼儿……但它整个小小的身体因恐怖而战栗着,它小小的声音也变得粗暴嘶哑,它在牺牲自己!

在它看来,狗该是多么庞大的怪物啊!然而,它还是不能站在自己高高的、安全的树枝上……一种比它的理智更强烈的力量,使它从那儿扑下身来。

我的狗站住了,向后退了退……看来,它也感到了这种力量。

我赶紧唤住惊慌失措的狗,然后我怀着崇敬的心情,走开了。

是啊,请不要见笑。我崇敬那只小小的、英勇的鸟儿,我崇敬它那种爱的冲动和力量。

爱,我想,比死和死的恐惧更强大。只有依靠它,依靠这种爱,生命才能维持下去,发展下去。

——节选自[俄]屠格涅夫《麻雀》,巴金译

## 牡丹的拒绝

其实你在很久以前并不喜欢牡丹,因为它总被人作为富贵膜拜。后来你目睹了一次牡丹的落花,你相信所有的人都会为之感动:一阵清风徐来,娇艳鲜嫩的盛期牡丹忽然整朵整朵地坠落,铺撒一地绚丽的花瓣。那花瓣落地时依然鲜艳夺目,如同一只奉上祭坛的大鸟脱落的羽毛,低吟着壮烈的悲歌离去。

牡丹没有花谢花败之时,要么烁于枝头,要么归于泥土,它跨越委顿和衰老,由青春而死亡,由美丽而消遁。它虽美却不吝惜生命,即使告别也要展示给人最后一次的惊心动魄。

所以在这阴冷的四月里,奇迹不会发生。任凭游人扫兴和诅咒,牡丹依然安之若素。它不苟且、不俯就、不妥协、不媚俗,甘愿自己冷落自己。它遵循自己的花期自己的规律,它有权利为自己选择每年一度的盛大节日。它为什么不拒绝寒冷?

天南海北的看花人,依然络绎不绝地涌入洛阳城。人们不会因牡丹的拒绝而拒绝它的美。如果它再被贬谪十次,也许它就会繁衍出十个洛阳牡丹城。

于是你在无言的遗憾中感悟到,富贵与高贵只是一字之差。同人一样,花儿也是有灵性的,更有品位之高低。品位这东西为气为魂为筋骨为神韵,只可意会。你叹服牡丹卓尔不群之姿,方知品位是多么容易被世人忽略或是漠视的美。

——节选自张抗抗《牡丹的拒绝》

## 神秘的"无底洞"

地球上是否真的存在"无底洞"?按说地球是圆的,由地壳、地幔和地核三层组成,真正的"无底洞"是不应存在的,我们所看到的各种山洞、裂口、裂缝,甚至火山口也都只是地壳浅部的一种现象。然而中国一些古籍却多次提到海外有个深奥莫测的无底洞。事实上地球上确实有这样一个"无底洞"。

它位于希腊亚各斯古城的海滨。由于濒临大海,大涨潮时,汹涌的海水便会排山倒海般地涌入洞中,形成一股湍湍的急流。据测,每天流入洞内的海水量达三万多吨。奇怪的是,如此大量的海水灌入洞中,却从来没有把洞灌满。曾有人怀疑,这个"无底洞",会不会就像石灰岩地区的漏斗、竖井、落水洞一类的地形。然而从二十世纪三十年代以来,人们就做了多种努力企图寻找它的出口,却都是枉费心机。

为了揭开这个秘密,一九五八年美国地理学会派出一支考察队,他们把一种经久不变的带

色染料溶解在海水中,观察染料是如何随着海水一起沉下去。接着又察看了附近海面以及岛上的各条河、湖,满怀希望地寻找这种带颜色的水,结果令人失望。难道是海水量太大把有色水稀释得太淡,以致无法发现?

至今谁也不知道为什么这里的海水会没完没了地"漏"下去,这个"无底洞"的出口又在哪里,每天大量的海水究竟都流到哪里去了?

——节选自罗伯特·罗威尔《神秘的"无底洞"》

## 苏州园林

我国的建筑,从古代的宫殿到近代的一般住房,绝大部分是对称的,左边怎么样,右边怎么样。苏州园林可绝不讲究对称,好像故意避免似的。东边有了一个亭子或者一道回廊,西边决不会来一个同样的亭子或者一道同样的回廊。这是为什么?我想,用图画来比方,对称的建筑是图案画,不是美术画,而园林是美术画,美术画要求自然之趣,是不讲究对称的。

苏州园林里都有假山和池沼。

假山的堆叠,可以说是一项艺术而不仅是技术。或者是重峦叠嶂,或者是几座小山配合着竹子花木,全在乎设计者和匠师们生平多阅历,胸中有丘壑,才能使游览者攀登的时候忘却苏州城市,只觉得身在山间。

至于池沼,大多引用活水。有些园林池沼宽敞。就把池沼作为全园的中心,其他景物配合着布置。水面假如成河道模样,往往安排桥梁。假如安排两座以上的桥梁,那就一座一个样,决不雷同。

池沼或河道的边沿很少砌齐整的石岸,总是高低屈曲任其自然。还在那儿布置几块玲珑的石头,或者种些花草。这也是为了取得从各个角度看都成一幅画的效果。池沼里养着金鱼或各色鲤鱼,夏秋季节荷花或睡莲开放,游览者看"鱼戏莲叶间",又是入画的一景。

——节选自叶圣陶《苏州园林》

## 提醒幸福

享受幸福是需要学习的,当它即将来临的时刻需要提醒。人可以自然而然地学会感官的享乐,却无法天生地掌握幸福的韵律。灵魂的快意同器官的舒适像一对孪生兄弟,时而相傍相依,时而南辕北辙。

幸福是一种心灵的震颤。它像会倾听音乐的耳朵一样,需要不断地训练。

简而言之,幸福就是没有痛苦的时刻。它出现的频率并不像我们想象的那样少。人们常常只是在幸福的金马车已经驶过去很远时,才拣起地上的金鬃毛说,原来我见过它。

人们喜爱回味幸福的标本,却忽略它披着露水散发清香的时刻。那时候我们往往步履匆匆,瞻前顾后不知在忙着什么。

世上有预报台风的,有预报蝗灾的,有预报瘟疫的,有预报地震的。没有人预报幸福。

其实幸福和世界万物一样,有它的征兆。

幸福常常是朦胧的,很有节制地向我们喷洒甘霖。你不要总希望轰轰烈烈的幸福,它多半只是悄悄地扑面而来。你也不要企图把水龙头拧得更大,那样它会很快地流失。你需要静静地以平和之心,体验它的真谛。

　　幸福绝大多数是朴素的。它不会像信号弹似的,在很高的天际闪烁红色的光芒。它披着本色的外衣,亲切温暖地包裹起我们。

　　幸福不喜欢喧嚣浮华,它常常在暗淡中降临。贫困中相濡以沫的一块糕饼,患难中心心相印的一个眼神,父亲一次粗糙的抚摸,女友一张温馨的字条……这都是千金难买的幸福啊。像一粒粒缀在旧绸子上的红宝石,在凄凉中愈发熠熠夺目。

——节选自毕淑敏《提醒幸福》

## 二、诗歌朗诵

### 致橡树

舒　婷

我如果爱你——
　　绝不像攀援①的凌霄花,
　　借你的高枝炫耀自己;
我如果爱你——
　　绝不学痴情的鸟儿,
　　为绿荫重复单调的歌曲;
　　也不止像泉源,
　　常年送来清凉的慰藉;
　　也不止像险峰,
　　增加你的高度,衬托你的威仪。
甚至日光。
甚至春雨。
不,这些都还不够!
我必须是你近旁的一株木棉,
　　作为树的形象和你站在一起。
　　根,紧握在地下;
　　叶,相触在云里。
每一阵风过,
我们都互相致意,
但没有人,
听懂我们的言语。
　　你有你的铜枝铁干,
　　像刀、像剑,也像戟;

---

①攀援:同"攀缘",比喻投靠有权有势的人往上爬。

我有我红硕的花朵，
　　像沉重的叹息，
　　又像英勇的火炬。
我们分担寒潮、风雷、霹雳；
我们共享雾霭、流岚、虹霓。
仿佛永远分离，
　却又终身相依。
　　这才是伟大的爱情，
　　坚贞就在这里：
爱——不仅爱你伟岸的身躯，
　　也爱你坚持的位置，
　　脚下的土地。


## 我骄傲，我是中国人

### 王怀让

　　在无数蓝色的眼睛和棕色的眼睛之中，
　　我有着一双宝石般的黑色眼睛，
我骄傲，我是中国人！
　　在无数白色的皮肤和黑色的皮肤之中，
　　我有着大地般黄色的皮肤，
我骄傲，我是中国人！
　我是中国人——
黄土高原是我挺起的胸脯，
黄河流水是我沸腾的血液，
长城是我扬起的手臂，
泰山是我站立的脚跟。
　我是中国人——
我的祖先最早走出森林
我的祖先最早开始耕耘，
我是指南针、印刷术的后裔，
我是圆周率、地动仪的子孙。
　我是中国人——
在我的民族中，
不光有史册上万古不朽的
孔夫子、司马迁、李自成、孙中山，
还有那文学史上万古不朽的
花木兰、林黛玉、孙悟空、鲁智深。

我骄傲,我是中国人!
  我是中国人——
在我的国土上,不光有雷电轰击不倒的长白雪山、黄山劲松
还有那风雨不灭的井冈传统、延安精神!
我骄傲,我是中国人!
  我是中国人——
我那黄河一样粗犷的声音,
不光响在联合国的大厦里,
大声发表着中国的议论,
也响在奥林匹克的赛场上,
大声高喊着"中国得分"!
当掌声把五星红旗送上蓝天,
我骄傲,我是中国人!
  我是中国人——
我那长城一样的巨大手臂,
不光把采油钻杆钻进外国人预言打不出石油的地心;
也把通信卫星送上祖先们梦里也没有到过的太空。
当五大洲倾听东方声音的时候,
我骄傲,我是中国人!
  我是中国人——
我是莫高窟壁画的传人,
让那翩翩欲飞的壁画与我们同往。
我就是飞天,
飞天就是我们。
我骄傲,我是中国人!